ମେଘଦୂତ

ମେଘଦୂତ

ସଂସ୍କୃତ

ମହାକବି କାଳିଦାସ

ଅନୁବାଦ:

ମନୋରଂଜନ ପଟ୍ଟନାୟକ

ବ୍ଲାକ୍ ଇଗଲ୍ ବୁକ୍ସ

ଭୁବନେଶ୍ୱର, ଓଡ଼ିଶା

BLACK EAGLE BOOKS

Dublin, USA

BLACK EAGLE BOOKS

USA address:
7464 Wisdom Lane
Dublin, OH 43016

India address:
E/312, Trident Galaxy, Kalinga Nagar,
Bhubaneswar-751003, Odisha, India

E-mail: info@blackeaglebooks.org
Website: www.blackeaglebooks.org

First International Edition Published by
BLACK EAGLE BOOKS, 2022

MEGHADUTA
by **Kalidas**
Translaed by **Manoranjan Pattanayak**

Translation Copyright © **Manoranjan Pattanayak**

All rights reserved. No part of this publication may be reproduced, stored in a retrieval system, or transmitted, in any form or by any means, electronic, mechanical, photocopying, recording or otherwise without the prior permission of the publisher.

Cover & Interior Design: Ezy's Publication

ISBN- 978-1-64560-294-1 (Paperback)

Printed in the United States of America

ଉତ୍ସର୍ଗ

ଅଜା, ଆଈଙ୍କ ସ୍ମୃତିରେ ଉତ୍ସର୍ଗୀକୃତ

- ବାବୁନି

ବିଶ୍ୱର କବି ଆହେ କାଳିଦାସ
ମଣ୍ଡିତ ଏବେ ସ୍ୱର୍ଗ
ଘେନିବ କି ଆଜି ଏ ଦୀନ କବିର
ତୁମରି ଛବିର ଅର୍ଘ୍ୟ ?

- ରାଧାମୋହନ ଗଡ଼ନାୟକ

କାଳିଦାସ

ଭାବମୟୀ ଭାରତୀର ଅମର-ନନ୍ଦନ !
କଳ୍ପନା-ନନ୍ଦନବନ-ବିହାର-ରସିକ !
ହେ କବୀନ୍ଦ୍ର କାଳିଦାସ କବିକୁଳ ଧନ !
ବିଶ୍ୱଶୋଭାରାଣୀଙ୍କର ପରମ ପ୍ରେମିକ ।

କ୍ଷୁଦ୍ର ଭାରତର କ୍ଷୁଦ୍ରତର ଉଜ୍ଜୟିନୀ-
ନଗରୀର ରାଜସଭା-କବି ଥିଲ କେବେ ।
ନିଖିଳ ମାନବସଭା ମାନସ-ରଞ୍ଜିନୀ,
ସେ ମହାସଭାର ରାଜ-କବି ତୁମ୍ଭେ ଏବେ ।

ଆହାକି ଅମୃତ ସୃଷ୍ଟି କି ମହାଉତ୍ସବ
ନିତ୍ୟ ନବସଙ୍ଗୀତର ଅପୂର୍ବ କୌଶଳ
ମେଘଦୂତ, ରଘୁବଂଶ, କୁମାର ସମ୍ଭବ
ବିକ୍ରମ-ଉର୍ବଶୀ, ଅଭିଜ୍ଞାନ ଶକୁନ୍ତଳା ।
ଧନ୍ୟ ଧନ୍ୟ ମହାକବି ମହା ଚିତ୍ରକର
ପ୍ରକୃତିର କୃତୀପୁତ୍ର, ଅଜର ଅମର ।

- ମଧୁସୂଦନ ରାଓ

ଭୂମିକା

'ମେଘଦୂତ' ସଂସ୍କୃତ ସାହିତ୍ୟର ଅଦ୍ୱିତୀୟ କବି, ବାଣୀଙ୍କର ବରପୁତ୍ର,କବିକୁଳ ଶିରୋମଣି ମହାକବି କାଳିଦାସଙ୍କର ଲେଖନୀ-ପ୍ରସୂତ ଏକ ଅନନ୍ୟ କାବ୍ୟ। ସାହିତ୍ୟିକଗଣ ଏକ ସ୍ୱରରେ ସ୍ୱୀକାର କରନ୍ତି ଯେ କବି ଯଦି ଏହି 'ମେଘଦୂତ' ବ୍ୟକ୍ତିରିକ୍ତ ଅନ୍ୟ କୌଣସି କାବ୍ୟ ଅଥବା ନାଟକ ପ୍ରଣୟନ କରି ନଥାନ୍ତେ, ତଥାପି ସିଏ ଭାରତର ଅଦ୍ୱିତୀୟ କବି ବୋଲି ନିଶ୍ଚିତ ଭାବରେ ପ୍ରତିଷ୍ଠା ପ୍ରାପ୍ତ ହୋଇଥାନ୍ତେ।

କବିକୁଳ ତିଳକ, ନିଖିଳଶାସ୍ତ୍ର କୋବିଦ, ପ୍ରଖର ପ୍ରତିଭାବାନ୍, ଉପମାର ଅନୁପମ ମୂର୍ତ୍ତି, କୋମଳ କାନ୍ତ ପଦାବଳୀର ପ୍ରଣେତା ମହାକବି କାଳିଦାସ ସଂସ୍କୃତ ସାହିତ୍ୟ ଗଗନର ଉଜ୍ଜ୍ୱଳ ନକ୍ଷତ୍ର। ତାଙ୍କର ସର୍ବତୋମୁଖୀ ପ୍ରତିଭା, ତାଙ୍କର ବିଶାଳ ଅନୁଭବ, ତାଙ୍କର ମୌଳିକତା, ତାଙ୍କର କମନୀୟ କଳ୍ପନା, ତାଙ୍କର ରଚନା ଚାତୁରୀ, ତାଙ୍କର ବିଚିତ୍ର ପ୍ରକୃତି ପର୍ଯ୍ୟବେକ୍ଷଣ ଓ ତାଙ୍କର ପ୍ରସାଦମୟ ବାଣୀ ବିଶ୍ୱ ସାହିତ୍ୟରେ ତାଙ୍କୁ ଅସାଧାରଣ ସ୍ଥାନ ପ୍ରଦାନ କରିଛି। ଏହି ବିଶ୍ୱବନ୍ଦ୍ୟ କବିଙ୍କର ଅନେକ ଅନବଦ୍ୟ ଗୁଣରେ ମୁଗ୍ଧ ହୋଇକରି ଜନୈକ ବିଦ୍ୱାନ ଲେଖିଛନ୍ତି-

"ପୁରାକ ବୀନାଂ ଗଣନା ପ୍ରସଙ୍ଗେ କନିଷ୍ଠିକାଧିଷ୍ଠତି କାଳିଦାସଃ।
ଅଦ୍ୟାପ ତତ୍ତୁଲ୍ୟ କବେରଭାବାଜନାଭିକ୍ତା ସାର୍ଥବତୀ ବଭୂବ ॥"

ଅର୍ଥାତ୍ ପ୍ରାଚୀନ ସମୟରେ ସୁକବିଗଣଙ୍କ ଗଣନା ପ୍ରସଙ୍ଗରେ କବିବର କାଳିଦାସଙ୍କର ନାମ ସର୍ବପ୍ରଥମ କନିଷ୍ଠିକା ଅଙ୍ଗୁଳି ଉପରେ ରଖାଗଲା। କିନ୍ତୁ କାଳିଦାସଙ୍କର ସମାନତା କରିବାବାଲା ଅନ୍ୟକୌଣସି କବି ନଥିବାରୁ ଦ୍ୱିତୀୟ ଅଙ୍ଗୁଳି ଉପରେ କାହାର ନାମ ପଡ଼ିଲାନି। ସୁତରାଂ ସେହି ଅଙ୍ଗୁଳିର 'ଅନାମିକା' ନାମ ସବୁବେଳ ପାଇଁ ସର୍ବଥା ସାର୍ଥକ ହୋଇ ରହିଛି।

କାଳିଦାସଙ୍କର ସମୟ ବିଷୟରେ ଚାରୋଟି ମତ ରହିଛି-

୧. ନବ ସଂବତ୍ସରର ପ୍ରବର୍ତ୍ତକ ବିକ୍ରମାଦିତ୍ୟଙ୍କ ସମୟ (ଖ୍ରୀ.ପୂ.୫୦ ବର୍ଷ)।

୨. ଚନ୍ଦ୍ରଗୁପ୍ତ ବିକ୍ରମାଦିତ୍ୟ ଓ ସମୁଦ୍ରଗୁପ୍ତଙ୍କ ରାଜ୍ୟକାଳ (ଚତୁର୍ଥ ଶତାବ୍ଦୀର ଶେଷ ଭାଗରୁ ପଞ୍ଚମ ଶତାବ୍ଦୀର ପୂର୍ବାର୍ଦ୍ଧ ପର୍ଯ୍ୟନ୍ତ)।

୩. ପ୍ରଖ୍ୟାତ ଜ୍ୟୋତିଷ ବରାହମିହିରଙ୍କ ସମୟ (ଷଷ୍ଠ ଶତାବ୍ଦୀ)।

୪. ଧାରା ନଗରର ଅଧୀଶ୍ୱର ଭୋଜଙ୍କ ସମୟ (ଏକାଦଶ ଶତାବ୍ଦୀ)।

କିନ୍ତୁ କାଳିଦାସ ବିକ୍ରମାଦିତ୍ୟଙ୍କ ରାଜସଭାର ନବରତ୍ନ ମଧ୍ୟରୁ ଏକ ରତ୍ନ ଥିଲେ, ଯାହାଙ୍କ ସମୟ ଥିଲା ଷଷ୍ଠ ଶତାବ୍ଦୀ। ତେଣୁ କାଳିଦାସଙ୍କୁ ଷଷ୍ଠ ଶତାବ୍ଦୀର ବୋଲି ମନେ କରାଯାଏ।

'ମେଘଦୂତ' କାଳିଦାସଙ୍କର ଏକ ଦିବ୍ୟ ସୃଷ୍ଟି। 'ମେଘଦୂତ' ପାଠକଲେ ସହୃଦୟ ବ୍ୟକ୍ତି ମାତ୍ରେ ଏକ ଅନିର୍ବଚନୀୟ ଆନନ୍ଦ-ରସରେ ପ୍ଲାବିତ ହୋଇଉଠେ। 'ମେଘଦୂତ'ରେ ମାନବ ହୃଦୟର ମଧୁରତମ ଭାବ ଅତି ମନୋହର ରୂପରେ ବିକଶିତ, ଉଚ୍ଛ୍ୱସିତ ଓ ଚିତ୍ରିତ। ସମୀକ୍ଷକମାନେ ଏହାକୁ କେବଳ ସଂସ୍କୃତରେ ନୁହେଁ ସମଗ୍ର ବିଶ୍ୱସାହିତ୍ୟରେ ଶ୍ରେଷ୍ଠକାବ୍ୟ ଭାବରେ ଅଙ୍କିତ କରିଛନ୍ତି। ଏହି ଗୋଟିଏ ରଚନା ହିଁ ତାଙ୍କୁ 'କବିଗୁରୁ' ଉପାଧିରେ ମଣ୍ଡିତ କରିବା ପାଇଁ ସମର୍ଥ।

'ମେଘଦୂତ' ଉପରେ ୟୁରୋପୀୟ ବିଦ୍ୱାନମାନଙ୍କ ମତ ଅତି ଉଚ୍ଚଶ୍ରେଣୀର। ଜର୍ମାନ କବି ଗେଟେ (Gothe) ସୁପ୍ରସିଦ୍ଧ ତତ୍ତ୍ୱବେତ୍ତା ହମ୍‌ବୋଲ୍ଟ (Alexander Von Hamboldt) ଓ ଶ୍ଳେଜେଲ ଇତ୍ୟାଦି ୟୁରୋପର ବିଦ୍ୱାନ ଓ ସମାଲୋଚକମାନେ କାଳିଦାସଙ୍କର କବିତାର କେବଳ ଅନୁବାଦ ରୂପରେ ରସାସ୍ୱାଦନ କରି ଆନନ୍ଦାତିଶୟରେ ମଗ୍ନ ହୋଇଛନ୍ତି। ଏଥିରୁ ତାଙ୍କର କବିରାଜ ଚକ୍ରବର୍ତ୍ତୀ ହେବା ସିଦ୍ଧ ହୋଇଥାଏ।

ଜର୍ମାନ କବି ଶିଲାର 'ମାରିୟା ସ୍ଟୁୟାର୍ଟ' ନାମକ ନାଟ୍ୟକାବ୍ୟରେ କାଳିଦାସଙ୍କର ଅନୁସରଣ କରି ମେଘ ଦ୍ୱାରା ସଂଦେଶ ପଠାଇବାର ବିଚାର ପ୍ରକଟ କରିଛନ୍ତ। ଆମେରିକାର କବି ଆର୍ଥର ରାଇଡ଼ର 'ମେଘଦୂତ'ର ଇଂରେଜୀ ପଦ୍ୟାନୁବାଦ କରି ଏହାର ଖ୍ୟାତି ବଢ଼ାଇଛନ୍ତି। Rider (ରାଇଡ଼ର) ଲେଖିଛନ୍ତି-

The former half is a description of external nature, yet interwoven with human feeling; the latter half is framed in natural beauty. So exquisitely is the thing done that none can say which half in superior. Of those read this perfect poem in its original text, some are moved by the one, some by the other. Kalidas understood in the fifth century what Europe did not learn until the nineteenth century and even now comprehends only imperfectly, that the world was not made for man, that man reaches his full stature only as he realizes the originality and worth of life that is not humane. That Kalidas seized this truth is a magnificent tribute to his intellectual power, a quality quite as necessary to great poetry as perfection of form. Poetical fluency is not rare; intellectual grasp is not very uncommon; but the combination of the two has not been found perhaps more than dozen times since the world began. Because he possesses this harmonious.

ଇଂରେଜ କବି H.H. Wilson 'ମେଘଦୂତ'ର ଇଂରେଜୀ ଅନୁବାଦ The Clovd Messenger ନାମରେ କରିଛନ୍ତି। ସଂସ୍କୃତ କବିମାନଙ୍କର ଅପବାଦ ଖଣ୍ଡନ କରିବା ପାଇଁ ଉଇଲସନ୍ ଲେଖିଛନ୍ତି- "These authors write to men only; they never think of a woman as a reader. What is natural cannot be vicious. What every man knows, surely everyone may express; and that mind which is only safe in ignorance or which is only defended by decorum, possesses but a very feeble detence and important security." ଉଇଲସନ ଜାଣିଥିଲେ ଯେ ତାଙ୍କ ପରବର୍ତ୍ତୀ କାଳର ୟୁରୋପୀୟ ରୁଚି ଏ ଦେଶର ପ୍ରାଚୀନ ରୁଚିକୁ ପଶ୍ଚାତରେ ଫିଙ୍ଗି ଦେବ ଓ ପାଠକ ପାଠିକାମାନଙ୍କ ପାଇଁ ପୃଥକ ବ୍ୟବସ୍ଥା କରିବନି।

ୟୁରୋପୀୟ ସାହିତ୍ୟରେ କୌଣସି କାବ୍ୟ ଏହାର ସମକକ୍ଷ ନୁହେଁ ବୋଲି ସମସ୍ତେ ମାନିଛନ୍ତି। Mon Fanche କହିଛନ୍ତି- "There is nothing so perfect in the elegiac literature of Europe as the Meghduta of Kalidas."

ଅନ୍ୟ ଜଣେ ଜର୍ମାନ ବିଦ୍ୱାନ କହିଛନ୍ତି- "There exist for instance in our European literature few pieces to be compared with the Meghaduta in sentiment and beauty."

ଏମାନଙ୍କ ବ୍ୟତୀତ ଆହୁରି ଅଧିକ ପାଶ୍ଚାତ୍ୟ ବିଦ୍ୱାନ ମୁକ୍ତକଣ୍ଠରେ ଆନନ୍ଦୋଦ୍ଗାର କରିଛନ୍ତି। ୟୁରୋପ ମହାଦେଶରେ ମେଘଦୂତର କୀର୍ତ୍ତୀ-କୌମୁଦୀ ବିକାଶ କରିବାର ଯଶୋଭାଗୀ ବୋଲି H.H. Wilsonଙ୍କୁ ବୁଝାଯାଏ।

'ମେଘଦୂତ'ରେ କାଳିଦାସ ଆଦର୍ଶ ପ୍ରେମର ଚିତ୍ରଣ କରିଛନ୍ତି। ନିଃସ୍ୱାର୍ଥ ପ୍ରେମର ଯେପରି ଚିତ୍ର 'ମେଘଦୂତ'ରେ ଦେଖିବାକୁ ମିଳେ ସେମିତି ଅନ୍ୟ କୌଣସି କାବ୍ୟରେ ନାହିଁ। 'ମେଘଦୂତ'ରେ ଯକ୍ଷର ପ୍ରେମ ନିର୍ଦ୍ଦୋଷ, ଏପରି ପ୍ରେମରେ କ'ଣ ହୋଇନପାରେ ? ପ୍ରେମରେ ଜୀବନ ପବିତ୍ର ହୋଇଥାଏ। ପ୍ରେମରେ ଜୀବନ ଅଲୌକିକ ସୌନ୍ଦର୍ଯ୍ୟ ପ୍ରାପ୍ତକରିପାରେ। ଏହି କାବ୍ୟ ଉଚ୍ଚ ପ୍ରେମର ସଜୀବ ଉଦାହରଣ।

ଭାରତର ବିଦ୍ୱାନମାନେ ମଧ୍ୟ କାଳିଦାସଙ୍କ କାବ୍ୟକୃତିର ବହୁ ପ୍ରଶଂସା କରିଛନ୍ତି। ଉପମା ଦେବାରେ କାଳିଦାସ ଯେ ସର୍ବଶ୍ରେଷ୍ଠ ଥିଲେ ତାହା ସର୍ବସମ୍ମତ। ସଂସ୍କୃତ ସାହିତ୍ୟରେ ଲେଖା ଅଛି-

"ଉପମା କାଳିଦାସସ୍ୟ ଭାରବେର୍ଥ ଗୌରବମ୍।
ନୈଷଧେ ପଦଲାଳିତ୍ୟ ମାଘେସନ୍ତି ତ୍ରୟୋ ଗୁଣାଃ।"

ଅର୍ଥାତ୍ କାଳିଦାସଙ୍କର ଉପମା, ଭାରବଙ୍କର ଅର୍ଥ ଗୌରବ, ନୈଷଧଙ୍କର ପଦଲାଳିତ୍ୟ, ମାତ୍ର ମାଘଙ୍କ ପାଖରେ ଏହି ତିନିଗୁଣ ସମାବିଷ୍ଟ। କିନ୍ତୁ ପ୍ରସିଦ୍ଧ ଟୀକାକାର ମଲ୍ଲିନାଥଙ୍କ ମତରେ କାଳିଦାସଙ୍କ ପାଖରେ ମଧ୍ୟ ଏହି ସମସ୍ତ ଗୁଣ ବିଦ୍ୟମାନ ଥିଲା। ତାଙ୍କ କଥାର ଯଥାର୍ଥତାକୁ ଦର୍ଶାଇବା ପାଇଁ ସିଏ ଲେଖିଛନ୍ତି-

"କାଳିଦାସ ଗିରାଂ ସାରଂ କାଳିଦାସଃ ସରସ୍ୱତୀ।
ଚତୁର୍ମୁଖୋଽଥବା ବ୍ରହ୍ମା ବିଦୁର୍ନାନ୍ୟେ ତୁ ମାଦୃଶା।"

ଅର୍ଥାତ୍ କାଳିଦାସଙ୍କର ବାଣୀର ସାରକୁ କେବଳ ତିନି ବ୍ୟକ୍ତି ହିଁ ବୁଝି ପାରିଥିଲେ-ଜଣେ ତ ବିଧାତା, ଦ୍ୱିତୀୟରେ ବାଣୀର ଅଧିଷ୍ଠାତ୍ରୀ ଦେବୀ ସରସ୍ୱତୀ ଓ ତୃତୀୟରେ କାଳିଦାସ ସ୍ୱୟଂ। କବିଙ୍କର ଗମ୍ଭୀର ଭାବରେ ପରିପୂର୍ଣ୍ଣ ରଚନା ଗୁଡ଼ିକର ରହସ୍ୟକୁ ବୁଝାଇ ଦେବା ପାଇଁ ସିଏ ଅଦ୍ୱିତୀୟ ପାଣ୍ଡିତ୍ୟପୂର୍ଣ୍ଣ ସଂଜୀବନୀ ଟୀକା ଲେଖିଲେ। ଏ ସମ୍ବନ୍ଧରେ ମଲ୍ଲିନାଥ ଲେଖିଛନ୍ତି-

"ଭାରତୀ କାଳିଦାସସ୍ୟ ଦୁର୍ବାଖ୍ୟା ବିଷ ମୂର୍ଚ୍ଛିତା।
ଏଷା ସଂଜୀବନୀ ଟୀକା ତାମଦ୍ୟ ଜ୍ଜୀବୟିଷ୍ୟତି।"

ଅର୍ଥାତ୍ କାଳିଦାସଙ୍କର ଗମ୍ଭୀର ବାଣୀ ଦୋଷରେ ଭରା ଟୀକାରୂପୀ ବିଷରେ ମୂର୍ଚ୍ଛିତା ହୋଇ ସାରିଛି। ତେଣୁ ମୁଁ ସଂଜୀବନୀ ଟୀକା ଲେଖୁଛି। ଏହା ସେଥିରେ ନବୀନ ଜୀବନର ସଞ୍ଚାର କରିବ। ପ୍ରକୃତରେ ମଲ୍ଲିନାଥଙ୍କର କୃପାରୁ ହିଁ କାଳିଦାସଙ୍କ ଗ୍ରନ୍ଥଗୁଡ଼ିକରେ ଯେଉଁ ରତ୍ନ ଲୁଚି ରହିଥିଲା ତାହା ପ୍ରକାଶକୁ ଆସିଲା ଆଉ କବିଙ୍କ ମଧୁର ବାଣୀକୁ ଆସ୍ୱାଦନ କରିବାରେ ସମସ୍ତେ ସକ୍ଷମ ହେଲେ।

ଅନନ୍ୟ ପ୍ରତିଭାର ଅଧିକାରୀ ହୋଇଥିଲେ ମଧ୍ୟ କାଳିଦାସଙ୍କର ଭିତରେ

ପ୍ରବଳ ଐତିହ୍ୟବୋଧ ଥିଲା। ତାଙ୍କ ରଚନାରେ ପୂର୍ବସୁରୀମାନଙ୍କର ପ୍ରଭାବର କଥା ସିଏ ନିଜେ ସ୍ୱୀକାର କରିଛନ୍ତି। ସମାଲୋଚକଗଣ ତାଙ୍କ ରଚନାରେ ବାଲ୍ମୀକି, ଅଶ୍ୱଘୋଷଙ୍କ ଭଳି ପ୍ରମୁଖ କବିଙ୍କ ପ୍ରଭାବ ଖୋଜି ବାହାର କରିଛନ୍ତି। କିନ୍ତୁ ସବୁଠାରୁ ବ୍ୟାପକ ଭାବରେ ଯେଉଁ ଗ୍ରନ୍ଥର ସିଏ ଅନୁସରଣ କରିଛନ୍ତି ତାହା ହେଲା ବାଲ୍ମୀକି ରାମାୟଣ। 'ମେଘଦୂତ' କାବ୍ୟର ଉତ୍ସ ଖୋଜି ପାଇବା ସମ୍ଭବ ହୁଏ ବାଲ୍ମୀକିଙ୍କଠାରୁ। ତେବେ ସକଳ ପ୍ରକାର ପ୍ରଭାବ ଓ ଋଣ ଥିବା ସତ୍ତ୍ୱେ ପ୍ରତିଭା ତାର ପ୍ରକୃତ ସ୍ୱର ଶୁଣାଇବାକୁ ଭୁଲେନି। କାବ୍ୟଲକ୍ଷ୍ମୀଙ୍କର ଅପାର କୃପା ଯୋଗୁ କାଳିଦାସ 'ମେଘଦୂତ' ରଚନା କରିବାରେ ସକ୍ଷମ ହୋଇଛନ୍ତି, ଯାହା ସମ୍ପୂର୍ଣ୍ଣ ଅଭିନବ, ଅନବଦ୍ୟ ଓ ମୌଳିକ।

ଅଳଙ୍କାର ଶାସ୍ତ୍ର ଅନୁସାରେ 'ମେଘଦୂତ' ଗୋଟିଏ ଖଣ୍ଡକାବ୍ୟ। ଖଣ୍ଡକାବ୍ୟର ପରିଭାଷା ଲେଖିଲାବେଳେ ସାହିତ୍ୟଦର୍ପଣକାର ବିଶ୍ୱନାଥ ପଞ୍ଚାନନ କହନ୍ତି-

"ଖଣ୍ଡକାବ୍ୟ ଭବେତ୍ କାବ୍ୟସୈକ ଦେଶାନୁସାରିଚ"

ଅର୍ଥାତ୍ ଖଣ୍ଡକାବ୍ୟ ତାକୁ କହନ୍ତି ଯେଉଁଥିରେ ମହାକାବ୍ୟର ଗୋଟିଏ ଅଂଶର ହିଁ ଅନୁସରଣ କରାଯାଇଥାଏ। ମହାକାବ୍ୟ ଅପେକ୍ଷା ଖଣ୍ଡକାବ୍ୟର ଆକାର ବି ଛୋଟ ହୋଇଥାଏ ଓ ବିଷୟ ଦୃଷ୍ଟିରୁ ବି ଏହାର ବିଷୟ ଏତେ ବ୍ୟାପକ ହୁଏନି। କାଳିଦାସଙ୍କ 'ମେଘଦୂତ' କୁ ଖଣ୍ଡକାବ୍ୟର ଅନ୍ତର୍ଗତ ବୋଲି ବିବେଚନା କରାଯାଏ କାହିଁକି ନା ମାହାକାବ୍ୟର ଲକ୍ଷଣ ଏଥିରେ ଦେଖାଯାଏନି ଓ ବିଷୟର ବ୍ୟାପକତା ଦୃଷ୍ଟିରୁ ଏହା ମହାକାବ୍ୟ ଭାବରେ ବିଚାର କରାଯିବାର ଯୋଗ୍ୟ ନୁହେଁ। କିନ୍ତୁ ଆଳଙ୍କାରିକ ଦଣ୍ଡୀ ଏହାକୁ ମହାକ୍ୟ ରୂପରେ ସ୍ୱୀକାର କରନ୍ତି। ହରପ୍ରସାଦ ଶାସ୍ତ୍ରୀ ମଧ୍ୟ ଏହାକୁ ମହାକାବ୍ୟ ବୋଲି କହିଛନ୍ତି। ବଲ୍ଲଭଦେବ ଏହାକୁ କେଳିକାବ୍ୟ କହିକରି ସନ୍ତୋଷ ଲାଭ କରିବାକୁ ଚାହାନ୍ତି। କିନ୍ତୁ ଏହା ଠିକ୍ ନୁହେଁ। ଉଜ୍ଜୟିନୀର ବିଶଦ ବର୍ଣ୍ଣନା କଲାବେଳେ ସେଠାର ରମଣୀଗଣଙ୍କର ରତିକ୍ରୀଡ଼ାର ଚିତ୍ରଣ କବି ଅବଶ୍ୟ କରିଛନ୍ତି, କିନ୍ତୁ ଏହା 'ମେଘଦୂତ'ର ମୁଖ୍ୟ ବର୍ଣ୍ଣନୀୟ ବିଷୟ ନୁହେଁ। ବିରହାନଳର ବକଟ ଜ୍ୱାଳାରେ ଜଳି କରି ଯକ୍ଷ ଓ ତାର ପ୍ରିୟ ପତ୍ନୀକୁ ଲାଗୁଛି କେଳି କିପରି ସମ୍ଭବ ହେବ, ଏଠାରେ ତ ବଞ୍ଚି ରହିବା ଦୁର୍ବିସହ। ସ୍ଥିରଦେବ 'ମେଘଦୂତ'କୁ କ୍ରୀଡ଼ାକାବ୍ୟ କହିବାକୁ ଚାହାନ୍ତି, କିନ୍ତୁ ଏହା ବି ଯୁକ୍ତିସଙ୍ଗତ ନୁହେଁ। କଥା ଏହା ହେଉଛି ଯେ ସାହିତ୍ୟଦର୍ପଣ ଓ ମମ୍ମଟ ଭଟ୍ଟଙ୍କ କାବ୍ୟ-ପ୍ରକାଶରେ କାବ୍ୟର ଏହି ଦୁଇଟି ପରିଭାଷା ମିଳେନି। ସଂସ୍କୃତ ସାହିତ୍ୟରେ ଖଣ୍ଡକାବ୍ୟ ଅଳ୍ପ ରହିଛି। ଏହାର ଆରମ୍ଭ 'ମେଘଦୂତ'ରୁ ହିଁ ହୋଇଛି। କାଳିଦାସଙ୍କର 'ଋତୁସଂହାର'ର ଗଣନା ଖଣ୍ଡକାବ୍ୟ ଭାବରେ ହିଁ କରାଯାଏ। ଘଟକର୍ପର କାବ୍ୟ ଚୌର ବଞ୍ଚାଶିକା, ଶୃଙ୍ଗାର

ଶତକ, ଶୃଙ୍ଗାର ତିଳକ, ଅମରୁ ଶତକ, ସୂର୍ଯ୍ୟଶତକ, ଭାମିନୀ ବିଳାସ, ଗୀତଗୋବିନ୍ଦ ଆଦି ଗ୍ରନ୍ଥ ବି ଖଣ୍ଡକାବ୍ୟର ଅନ୍ତର୍ଗତ।

ପାଶ୍ଚାତ୍ୟ ବିଦ୍ୱାନ୍‌ଗଣ ଏହି କାବ୍ୟଟିକୁ ଗୀତିକାବ୍ୟ (Lyric) ବୋଲି କହନ୍ତି।

'ମେଘଦୂତ' କୁ ନାଟକ, ଗୀତିକାବ୍ୟ, ମହାକାବ୍ୟ, ଖଣ୍ଡକାବ୍ୟ, କ୍ଷୁଦ୍ରକାବ୍ୟ- ଯେଉଁ ନାମରେ ଆଖ୍ୟାୟିତ କରାଯାଉ ନା କାହିଁକି, ଏହି କାବ୍ୟ ଏକକ ଭାବରେ କେଉଁଟା ବି ନୁହେଁ। ବରଂ ସବୁତକ ଲକ୍ଷଣ ଅଳ୍ପ-ବେଶି ଅଙ୍ଗରେ ଧାରଣ କରି 'ମେଘଦୂତ' ମୋହନୀୟ, କମନୀୟ ଓ ଆତ୍ମା-ମୋହିତକାରୀ କାବ୍ୟ ରୂପେ ପାଠକଗଣଙ୍କ ନିକଟରେ ଆପଣାକୁ ବିକଶିତ କରି ଦଣ୍ଡାୟମାନ ହୋଇ ରହିଛି। ଏହି ଶକ୍ତ ଅବସ୍ଥାନର ପଛରେ ରହିଛି ଏହାର ଚରମ ନାଟକୀୟତା ଗୁଣ। ନାଟ୍ୟକାର ହିସାବରେ କାଳିଦାସଙ୍କର କୃତିତ୍ୱର ଝଲକ 'ମେଘଦୂତ'ରୁ ମିଳିଥାଏ। ବର୍ଣ୍ଣନା ପ୍ରଧାନ ସଂସ୍କୃତ ସାହିତ୍ୟର କବିତା ହେଲେ ମଧ୍ୟ ନାଟକୀୟତା ଗୁଣରେ 'ମେଘଦୂତ'ର ବର୍ଣ୍ଣନା ସ୍ଥବିରତାର ଅଭିଶାପରୁ ରକ୍ଷା ପାଇ ଛୁଟି ଚାଲେ ଦିଗ-ଦିଗନ୍ତର ଆଡ଼େ। 'ମେଘଦୂତ' ପଢ଼ିଲେ ମନେ ହୁଏ ଯକ୍ଷର ଧାରା- ଭାଷ୍ୟରେ ଆମରି ରଙ୍ଗମଞ୍ଚରେ ତାର ବାସ୍ତବ ରୂପର ପ୍ରକାଶ ଦେଖିବାକୁ ମିଳେ। ଅର୍ଥାତ୍ ବର୍ଣ୍ଣନାର ଅନ୍ତରାଳରେ ଲୁଚି ରହିଥିବା ନାଟକୀୟ କ୍ରିୟା 'ମେଘଦୂତ'ର ମହିମାକୁ ଅନନ୍ୟ ଉଚ୍ଚତାରେ ପହଞ୍ଚାଇ ଦେବା ପକ୍ଷରେ ସହାୟକ ହୋଇଛି।

ଆଙ୍ଗିକ ଦୃଷ୍ଟିରୁ 'ମେଘଦୂତ' ଅନବଦ୍ୟ। ଏହି କାବ୍ୟର ଆଖ୍ୟାନ ଯେମିତି ଗୋଟିଏ ବୃତ୍ତ ବା ବଳୟ। ଏହାର ଦୃଷ୍ଟିପଟ କ୍ରମ-ପରିବର୍ତ୍ତନରେ ଗୋଟିଏ ଧରଣର ନାଟକୀୟତା ଦେଖାଯାଏ। ଯେଉଁଠାରୁ ଯାତ୍ରା ଆରମ୍ଭ ହୁଏ ସେହିଠାରେ ହିଁ ଯାତ୍ରା ଶେଷ। ଆଙ୍ଗିକ ନ୍ୟାୟରେ ଆଶ୍ଚର୍ଯ୍ୟ କୌଶଳରେ ସମୟକୁ ବିନ୍ୟସ୍ତ କରିଛନ୍ତି କବି। ଆଷାଢ଼ର ପ୍ରଥମ ଦିନ ମେଘର ଯାତ୍ରା ଆରମ୍ଭ ହୁଏ। ଅନେକ ଗିରି-ପର୍ବତ, ନଦ-ନଦୀ, ଜନପଦ ପାରି ହୋଇ ଅଳକାର ସୌନ୍ଦର୍ଯ୍ୟ ଦର୍ଶନ କରେ, ଯକ୍ଷ-ପ୍ରିୟାକୁ ବାର୍ତ୍ତାଦେଇ ଫେରି ଆସେ ମେଘ। ମନେହୁଏ ଯେମିତି କେତେ ସମୟ ଏହା ଭିତରେ ବିତିଯାଇଛି। କିନ୍ତୁ ଏହା ଆଷାଢ଼ର ପ୍ରଥମଦିନରେ କେତେକ ଘଣ୍ଟା ସମୟର କାହାଣୀ ମାତ୍ର। ସମୟର ଅତୁଟ ଗ୍ରନ୍ଥନର ମଝିରେ ଧାଇଁ ଯାଉଥିବା 'ମେଘଦୂତ' କାବ୍ୟର ଗଢ଼ଣ ଗୋଟିଏ ପିରାମିଡ଼ ପରି, ଯାହାର ପାଦଦେଶରେ ଭୌଗଳିକ ବିବରଣ, ମଧ୍ୟ ଭାଗରେ ଅଳକା ଆଉ ଚୂଡ଼ାରେ ଅଧିଷ୍ଠାତ୍ରୀ ଗୋଟିଏ ନାରୀ ମୂର୍ତ୍ତି। ସାମଗ୍ରିକ ପରିକଳ୍ପନା ମଧ୍ୟରେ ପ୍ରତିଟି ଅଂଶ ସୁଷମ ଭାବରେ ବିଧୃତ ହୋଇଛି। ଏହି କାରଣରୁ 'ମେଘଦୂତ' ତୁଳନାହୀନ। ତୁଳନାହୀନ ଏହି କାବ୍ୟ

ଯେ ଗୁଣରେ ପାଠକମାନଙ୍କୁ ଆଦ୍ୟାନ୍ତ ଧରି ରଖେ, ତାର ନାମ ଦିଆଯାଇ ପାରେ ଗତି। ଯେଉଁ ଚିତ୍ରଶ୍ରେଣୀ 'ମେଘଦୂତ' ର ମୂଳବର୍ଣ୍ଣନାର ବିଷୟ ସେଥିରେ ଗୋଟିଏ ଗତିର ଆବେଗ ରହିଛି। ଦୃଶ୍ୟପଟ ପରିବର୍ତ୍ତନ ଭିତର ଦେଇ ପାଠକର ମନ ଆଗେଇ ଚାଲେ। ଏହି ଗତି ହିଁ 'ମେଘଦୂତ' କାବ୍ୟର ପ୍ରାଣଶକ୍ତି। ଏ ଟିକକ ଯଦି ନଥାନ୍ତା, ତେବେ ସମସ୍ତ କାବ୍ୟଟି ବର୍ଣ୍ଣବୈଭବ ହୀନ, ନିଶ୍ଚେତନ ସୌନ୍ଦର୍ଯ୍ୟର ଆଧାର ହୋଇଥାନ୍ତା। ମାତ୍ର 'ମେଘଦୂତ' କାବ୍ୟକୁ ସଚଳ କରିଛି ସେହି ଗତି। କାଳିଦାସଙ୍କ ଚିତ୍ରାଙ୍କନ ପ୍ରତିଭାର ଆଲୋଚନା ପ୍ରସଙ୍ଗରେ ରବୀନ୍ଦ୍ରନାଥ ଟାଗୋର କହିଛନ୍ତି- "ମେଘଦୂତ ପୃଥିବୀର ସାହିତ୍ୟରେ ଅଦ୍ୱିତୀୟ, କେବଳ ଏହି ଚିତ୍ର ପରମ୍ପରାରେ। କେବଳ ଚିତ୍ର ପରେ ଚିତ୍ର।"

ବିଦ୍ୱାନମାନଙ୍କ ମତରେ 'ମେଘଦୂତ' ଗୋଟିଏ ଦୂତକାବ୍ୟ। କେବଳ ସଂସ୍କୃତ ସାହିତ୍ୟରେ ନୁହେଁ ଫାରସୀ ସାହିତ୍ୟରେ ଦୂତର ବିଶେଷ ମର୍ଯ୍ୟାଦା ଲକ୍ଷ୍ୟ କରାଯାଏ। ତୃତୀୟ ଶତକରେ ଚୀନ୍‌ର କବି ସ୍ୟୁ କାଙ୍ଗ ମେଘକୁ ଦୂତ ଭାବରେ ଚିତ୍ରିତ କରି କାବ୍ୟ ରଚନା କରିଥିଲେ। ଏହାକୁ ମଧ୍ୟ କେତେକ ସମାଲୋଚକ 'ମେଘଦୂତ'ର ଉଜୀବ୍ୟ ଭାବରେ ଗ୍ରହଣ କରନ୍ତି। କିନ୍ତୁ ଏହି ମତ ନିରାଧାର ପ୍ରମାଣିତ ହୋଇଛି।

ମହାଭାରତରେ ରାଜା ନଳ ଏକ ହଂସକୁ ଦୂତ ଭାବରେ ଦମୟନ୍ତୀଙ୍କ ନିକଟକୁ ପ୍ରେରଣ କରିଛନ୍ତି। ବୈଦିକ ବାଙ୍‌ମୟରେ ସର୍ବପ୍ରଥମ ଦୂତ ପ୍ରେରଣର କଳ୍ପନା ଋଗ୍‌ବେଦରେ ଦେଖାଯାଏ। ଏହି ଆଖ୍ୟାନ ଅନୁସାରେ ରାଜା ଶ୍ୱାବାଶ୍ୱ ଋଷି ରଥବୀତିଙ୍କ କନ୍ୟା ମନୋରମାଙ୍କୁ ବିବାହ କରିବାକୁ ଇଚ୍ଛୁକ ଥିଲେ। କିନ୍ତୁ ରଥବୀତି ତାଙ୍କ କନ୍ୟାକୁ ଜଣେ ଋଷିଙ୍କ ସହିତ ହିଁ ବିବାହ ଦେବାକୁ ହିଁ ଚାହୁଁଥିଲେ। ତେଣୁ ଶ୍ୱାବାଶ୍ୱ ତପସ୍ୟା ଆଚରଣ କରି ଋଷିତ୍ୱ ପ୍ରାପ୍ତ ହେଲେ। ଏହାପରେ ସେ ନିଜର ଭାବି ପତ୍ନୀ ମନୋରମାଙ୍କୁ ନିଜର ଋଷିତ୍ୱ ପ୍ରାପ୍ତି ବିଷୟ ଜଣାଇବା ଉଦ୍ଦେଶ୍ୟରେ 'ରାତ୍ରି'କୁ ଦୂତୀ ଭାବରେ ନିୟୋଜିତ କରି ତାଙ୍କ ନିକଟକୁ ପ୍ରେରଣ କରିଥିଲେ। ଦୂତ କାବ୍ୟର ପରଂପରା ଏହିଠାରୁ ଆରମ୍ଭ ହୋଇଛି। ରାମାୟଣରେ ମଧ୍ୟ ରାମଚନ୍ଦ୍ର ସୀତାଙ୍କୁ ଖୋଜିବା ପାଇଁ ହନୁମାନଙ୍କୁ ଦୂତ ଭାବରେ ପଠାଇଛନ୍ତି। ଏହାହିଁ 'ମେଘଦୂତ'ର ମୂଳ ଉତ୍ସ ଭାବରେ ଅନେକ ସମାଲୋଚକ ଗ୍ରହଣ କରନ୍ତି। ମଲ୍ଲିନାଥ, ବଲ୍ଲଭଦେବ ଓ ଦକ୍ଷିଣାବର୍ତ୍ତନାଥ ରାମାୟଣ ନିକଟରେ କାଳିଦାସଙ୍କ ଋଣର ସମର୍ଥନ କରିଛନ୍ତି। କିନ୍ତୁ କାଳିଦାସଙ୍କ 'ମେଘଦୂତ' ଦୂତକାବ୍ୟ ଭାବରେ ଏକ ମହତ୍ତମ ସୃଷ୍ଟି। ଏହି କାବ୍ୟକୁ ଅନୁସରଣ କରି ପରବର୍ତ୍ତୀ କାଳରେ ଅସଂଖ୍ୟ ଦୂତକାବ୍ୟ ରଚିତ ହୋଇଛି। ନିମ୍ନରେ କେତେକ ଦୂତକାବ୍ୟର ତାଲିକା ପ୍ରଦତ୍ତ ହେଲା-

୧. ନେମିଦୂତ
୨. ହଂସ ସଂଦେଶ
୩. କୋକିଳ ସଂଦେଶ
୪. ପବନ ଦୂତ
୫. ଇନ୍ଦୁ ଦୂତ
୬. ପଦାଙ୍କ ଦୂତ
୭. ଉଦ୍ଧବ ଦୂତ
୮. ଉଦ୍ଧବ ସଂଦେଶ
୯. ହଂସ ଦୂତ
୧୦. ଚନ୍ଦ୍ର ଦୂତ
୧୧. ଭ୍ରମର ଦୂତ
୧୨. ମନୋଦୂତ
୧୩. ରଥାଙ୍ଗ ଦୂତ

ଏହାଛଡ଼ା ରହିଛି ଅସଂଖ୍ୟ ଦୂତାକାବ୍ୟ। ତେବେ ତାହା କାଳ ଓ ପ୍ରଭାବର ବେଢ଼ାଜାଲକୁ ଭେଦକରି ଆପଣାର ଆଲୋକରେ ଉଦ୍‌ଭାସିତ ହେବାର ଶକ୍ତି ପାଇନି। ଆଉ ସେହି ଶକ୍ତିରେ ବଳୀୟାନ 'ମେଘଦୂତ' ଅପରାଜେୟ, ଅପ୍ରତିରୋଧ୍ୟ ଓ ଦୁର୍ବାର ଗତିରେ ଶତ ଶତ ବର୍ଷର ଆସ୍ତରଣ ଭେଦ କରି ଆଧୁନିକ ସମୟରେ ଚିତ୍ତରେ ଉଜ୍ଜ୍ୱଳ ହୋଇ ଅବସ୍ଥାନ କରିଛି।

କେତେକ ବିଦ୍ୱାନ ଅନୁମାନ ଲଗାନ୍ତି ଯେ 'ମେଘଦୂତ'ର ଘଟଣା କବିଙ୍କ ନିଜ ଜୀବନର ଘଟଣା। ମହାରାଜା ବିକ୍ରମଙ୍କ ସଭାରେ କେବେ ସିଏ କର୍ତ୍ତବ୍ୟରେ ଅବହେଳା କରିଥିବେ ଓ ରାଜା ତାଙ୍କୁ ଯକ୍ଷ ପରି ନିର୍ବାସିତ କରିଥିବେ ଅଥବା ବିଦର୍ଭ ନରେଶ ପ୍ରବରସେନଙ୍କ ସଭାରେ ଥିବା ସମୟରେ କାଶ୍ମୀରରେ ରହି ନିଜ ପ୍ରିୟ ପତ୍ନୀଙ୍କୁ ଲକ୍ଷ୍ୟ କରି ଏହି କାବ୍ୟ ଲେଖିଥିବେ। କିନ୍ତୁ ଏ କଥାର ସତ୍ୟତା ପ୍ରତିପାଦିତ ହୁଏନି। ବାସ୍ତବରେ କାଳିଦାସ ଯେମିତି ଉଚ୍ଚକୋଟୀର ମର୍ମଜ୍ଞ କବିଙ୍କ ପାଇଁ ଏହା ସର୍ବଥା ସ୍ୱାଭାବିକ ପ୍ରତୀତ ହୁଏ ଯେ ସିଏ 'ମେଘଦୂତ'ର ଘଟଣାକୁ ବିଶୁଦ୍ଧ ମୌଳିକ କଳ୍ପନାରେ ହିଁ ଉଦ୍‌ଭୂତ କରି ପାରେ।

ସାହିତ୍ୟ ଶାସ୍ତ୍ରର ଆଚାର୍ଯ୍ୟମାନେ ଭାଷାର ସୌନ୍ଦର୍ଯ୍ୟର ଅଭିବୃଦ୍ଧି କରୁଥିବା ତିନୋଟି ଗୁଣ ବତାଇଛନ୍ତି-ମାଧୁର୍ଯ୍ୟ, ଓଜ ଓ ପ୍ରସାଦ। କାଳିଦାସଙ୍କ ଅନୁପମ କୃତି

'ମେଘଦୂତ'ରେ ମାଧୁର୍ଯ୍ୟ ଓ ପ୍ରସାଦଗୁଣ ସ୍ଥାନେ ସ୍ଥାନେ ନିଜର ବାସ୍ତବିକ ରୂପରେ ପ୍ରସ୍ଫୁଟିତ ହୋଇଥିବାର ଦେଖାଯାଏ। ସଂସ୍କୃତର ଗୀତିକାବ୍ୟ ଗୁଡ଼ିକ ମଧ୍ୟରେ 'ମେଘଦୂତ'ର ସ୍ଥାନ ସର୍ବଶ୍ରେଷ୍ଠ। କବିଙ୍କ କମନୀୟ କୋମଳ କଳ୍ପନାର ଚାରୁ ଚିତ୍ରଣ ଯେମିତି 'ମେଘଦୂତ'ରେ ହୋଇଛି ତାହାର ଅନୁରୂପ ହିଁ ଭାଷା ମଧ୍ୟ ବଡ଼ ସରଳ, ସରସ, ସୁନ୍ଦର, ପ୍ରାଞ୍ଜଳ, ପ୍ରବାହପୂର୍ଣ୍ଣ, ପରିମାର୍ଜିତ ଓ ପରିଷ୍କୃତ ହୋଇଥିବାର ଦୃଷ୍ଟିଗୋଚର ହୁଏ।

ସାହିତ୍ୟ ଶାସ୍ତ୍ରର ଆଚାର୍ଯ୍ୟଗଣ ତିନୋଟି ରୀତିର ବର୍ଣ୍ଣନା କରିଛନ୍ତି- ବୈଦର୍ଭୀ, ଗୌଡ଼ୀ ଓ ପାଞ୍ଚାଲୀ। ମହାକବି କାଳିଦାସ ନିଜର ସବୁ ଗ୍ରନ୍ଥ ଗୁଡ଼ିକରେ ବୈଦର୍ଭୀ ରୀତିର ପ୍ରୟୋଗ କରିଛନ୍ତି।

'ମେଘଦୂତ', ଦୁଇଭାଗରେ ବିଭକ୍ତ- ପୂର୍ବମେଘ ଓ ଉତ୍ତର ମେଘ। 'ପୂର୍ବମେଘ' ଅଂଶର ଆଲୋଚ୍ୟ ବିଷୟ ନିସର୍ଗ ବର୍ଣ୍ଣନା; ଅନ୍ୟଦିଗରେ 'ଉତ୍ତର ମେଘ' ଅଂଶର ଆଲୋଚ୍ୟ କୁବେରପୁରୀ ଅଳକାର ବିଳାସ ବୈଭବ ଓ ଯକ୍ଷପ୍ରିୟାର ବର୍ଣ୍ଣନା।

ଗୋଟିଏ ଦଳ ପାଠକ 'ପୂର୍ବମେଘ' ଅଂଶଟିକୁ କାବ୍ୟର ଭୂମିକା ମାତ୍ର ଅନୁଭବ କରନ୍ତି, 'ଉତ୍ତରମେଘ' ଅଂଶଟିକୁ ମୂଳକାବ୍ୟର ମର୍ଯ୍ୟାଦା ଦିଅନ୍ତି। ଅପର ଏକ ଶ୍ରେଣୀର ପାଠକଙ୍କ ମତରେ 'ଉତ୍ତରମେଘ' କୃତ୍ରିମ ରଚନା, ତେଣୁ 'ପୂର୍ବମେଘ' ହିଁ ଶ୍ରେଷ୍ଠ।

'ମେଘଦୂତ'ର ବିଷୟବସ୍ତୁ ହେଲା- ଯକ୍ଷେଶ୍ୱର ଧନପତି କୁବେର ନିଜ ସେବକ ଯକ୍ଷକୁ କର୍ତ୍ତବ୍ୟରେ ହେଳା କରିବା ଯୋଗୁ ଗୋଟିଏ ବର୍ଷ ପାଇଁ ନିର୍ବାସିତ କରୁଛନ୍ତି। ଯକ୍ଷ ନିଜ ପ୍ରାଣପ୍ରିୟା ଠାରୁ ଅଲଗା ହୋଇ ଅସହ୍ୟ ବିରହର ଜ୍ୱାଳାରେ ଜଳି ଜଳି ରାମଗିରି ପର୍ବତରେ ଦିନ ବ୍ୟତୀତ କରିବାକୁ ଲାଗିଲା। ଯେମିତି ସେମିତି ତାର ଆଠମାସ କଟିଗଲା। ବର୍ଷା ଆସିବାରୁ ତା ହୃଦୟ ଧଧକି ଉଠିଲା ଓ ବିରହ ଜ୍ୱାଳା ତୀବ୍ର ହେଲା। ସିଏ ବିବଶ ହୋଇକରି ନିଜ ପ୍ରିୟତମାକୁ ପ୍ରଣୟ-ସଂଦେଶ ପଠାଇବା ପାଇଁ ମେଘକୁ ଦୂତ ରୂପେ ସ୍ଥିର କଲା। ଦୟାଳୁ ମେଘ ବିରହୀ ଯକ୍ଷର ପ୍ରାର୍ଥନା ସ୍ୱୀକାର କରୁଛି ଓ ତାହାର ପ୍ରଣୟ-ସଂଦେଶ ନେଇକରି ଅଳକାପୁରୀକୁ ପ୍ରସ୍ଥାନ କରୁଛି। 'ପୂର୍ବମେଘ'ରେ ସେହି ମେଘ ପାଇଁ ରାମଗିରିରୁ ଅଳକା ପର୍ଯ୍ୟନ୍ତ ମାର୍ଗର ମନୋହର ବର୍ଣ୍ଣନା କରୁଛି ଏବଂ 'ଉତ୍ତରମେଘ'ରେ ଅଳକାପୁରୀ, ନିଜ ଭବନ ତଥା ନିଜ ପ୍ରିୟାର ଦୟନୀୟ ବିରହ ଦଶାର ବର୍ଣ୍ଣନା କରି ପରିଶେଷରେ ନିଜ ସଂଦେଶ ଶୁଣାଉଛି। ଭାରତର ସାହିତ୍ୟରେ ନୁହେଁ ଅପିତୁ ବିଶ୍ୱସାହିତ୍ୟରେ ମୌଳିକ କଳ୍ପନାର ଆଧାର ଉପରେ ଲେଖା ଯାଇଥିବା ଏହା ପ୍ରଥମ ଗୀତିକାବ୍ୟ। ଏହାର ଭାଷା ବଡ଼ ଭାବପୂର୍ଣ୍ଣ ଓ ପରିମାର୍ଜିତ।

'ମେଘଦୂତ'ରେ ପ୍ରକୃତିର ବାହ୍ୟଚିତ୍ରଣ ବଡ଼ ରୋଚକ ହୋଇଛି। 'ଉତ୍ତରମେଘ'ରେ ଅନ୍ତଃ ପ୍ରକୃତିର ବର୍ଣ୍ଣନାରେ କବି ମାନବ-ହୃଦୟର ଗମ୍ଭୀର ଭାବକୁ ବିଶଦ ଭାବରେ ବିଶ୍ଳେଷଣ କରିଛନ୍ତି।

'ମେଘଦୂତ'ର ପ୍ରକୃତି ଚିତ୍ରଣ ବିଷୟରେ ଅଧ୍ୟାପକ ସୁଶୀଲକୁମାର ଦେ Introduction to Meghadutamରେ ଲେଖିଛନ୍ତି- "The description is not a bare reital, for nature here is viewed through the eyes of passionate lover. The intensity of his feeling is set in the midst of the Indian rainy season than which as Rabindranath rightly remarks, nothing is more appropriate for an atmosphere of loveliness and longing. It is also placed in the midst of splendid natural scenery which enhances et stoppign and appeal. We find, therefore, that in the earlier part of the poem the description of external nature is lightened throughout by an intimate association with human feeling while the picture of the lover's sorrow in heart in the later part is skillfully farmeding the surrounding beauty of nature."

ଏତଦ୍ ବ୍ୟତୀତ ଏହାର ପ୍ରକୃତି ବର୍ଣ୍ଣନା ବିଷୟରେ Macdonell କହନ୍ତି- "Brilliant with blossoming trees, fragrant with flowers, gay with the plumage and vocal with songs of birds, diversified with lotus ponds steeped in tropical sunshine and with large eyed grazelles reclining in the shade."

'ମେଘଦୂତ'ରେ ପ୍ରକୃତି ବି ବଡ଼ କରୁଣାମୟୀ। ଯକ୍ଷର କରୁଣ ଦଶାକୁ ଦେଖିକରି ପ୍ରକୃତି ତା ସହିତ ହାର୍ଦ୍ଦିକ ସହାନୁଭୂତି ପ୍ରକଟ କରୁଛି। ଯେତେବେଳେ ଯକ୍ଷ ସ୍ୱପ୍ନରେ ନିଜ ପ୍ରିୟାକୁ ଗାଢ଼ ଆଲିଙ୍ଗନ ପାଇଁ ଶୂନ୍ୟ ଆକାଶକୁ ହସ୍ତ ପ୍ରସାରିତ କରୁଛି ସେତେବେଳେ ବନଦେବୀମାନେ ତାହାର ଏହି ଦୟନୀୟ ଦଶା ଉପରେ ମୋତି ପରି ଲୋତକର ବଡ଼ ବଡ଼ ବୁନ୍ଦା ଝରାଇ ଦେଉଛନ୍ତି। 'ମେଘଦୂତ'ର ସ୍ଥାନେ ସ୍ଥାନେ କବି ଏହା ଦେଖାଇଛନ୍ତି ଯେ ମାନବର ସନ୍ତପ୍ତ-ହୃଦୟକୁ ଯଦି କେଉଁଠୁ ସାନ୍ତ୍ୱନା ମିଳିପାରେ ତାହାଲେ ଏକମାତ୍ର ପ୍ରକୃତିର ସାହାଚର୍ଯ୍ୟ ଦ୍ୱାରା ହିଁ ତାହା ସମ୍ଭବ। ଏହା ହେଉଛି ଅନ୍ତଃ ପ୍ରକୃତିର ମାର୍ମିକ ବର୍ଣ୍ଣନା ଯାହାର ଚିତ୍ରଣରେ କବିଙ୍କୁ ପୂର୍ଣ୍ଣ ସଫଳତା ପ୍ରାପ୍ତ ହୋଇଛି।

'ମେଘଦୂତ'ର ଦ୍ୱିତୀୟ ଶ୍ଳୋକରେ କବି ଲେଖିଛନ୍ତି- "ଆଷାଢ଼ସ୍ୟ ପ୍ରଥମ ଦିବସେ ମେଘମାଶ୍ଳିଷ୍ଟ ସାନୁ"

'ପ୍ରଥମ ଦିବସ' ସ୍ଥାନରେ 'ପ୍ରଶମ ଦିବସେ' ଏପରି ପାଠାନ୍ତର ଦେଖା ଯାଏ। 'ପ୍ରଶମ ଦିବସେ'ର ଅର୍ଥ ହେଉଛି ଅନ୍ତିମ ଦିନରେ ଏବଂ ଚତୁର୍ଥ ଶ୍ଳୋକରେ ଲେଖାଥିବା 'ପ୍ରତ୍ୟାସନ୍ନେ ନଭସି' ଅର୍ଥାତ୍ 'ଶ୍ରାବଣର ନିକଟବର୍ତ୍ତୀ ହେବାକୁ'- ସହିତ ସାମଞ୍ଜସ୍ୟ ରକ୍ଷା ନିମନ୍ତେ ଏହି ପାଠାନ୍ତର ଯଥାର୍ଥ ବୋଲି କେତେକ ମତ ବ୍ୟକ୍ତ କରିଥାନ୍ତି। ଆଷାଢ଼ ପରେ ହିଁ ଶ୍ରାବଣ ନିକଟ ହୋଇଥାଏ। ଯକ୍ଷର ଅଭିଶାପ ସମୟ ଏକବର୍ଷରୁ ଆଉ ଚାରିମାସ ବାକି ଅଛି ବୋଲି ଉତ୍ତରମେଘରେ କୁହାଯାଇଛି। ଏହି ଅଭିଶାପ ସମୟ ହରି ଉତ୍‌ଥାନ ଏକାଦଶୀରେ ସମାପ୍ତ ହେବ ବୋଲି ମଧ୍ୟ ଉତ୍ତରମେଘରେ କୁହାଯାଇଛି। ଏହି ଏକାଦଶୀ କାର୍ତ୍ତିକ ମାସରେ ପଡ଼େ। ଆଷାଢ଼ ମାସର ପ୍ରଥମ ଦିନରୁ ଆରମ୍ଭ କରି ହରି ଉତ୍‌ଥାନ ଏକାଦଶୀ ଯାଏ ଗଣନା କଲେ ୪ମାସ ୧୦ଦିନ ହୁଏ। କିନ୍ତୁ ଆଷାଢ଼ ମାସର ଶେଷ ଦିନରୁ ଗଣନା କଲେ ଏହା ୩ ମାସ ୧୧ ଦିନ ହୁଏ। ୪ ମାସର ଅଧିକ ନିକଟବର୍ତ୍ତୀ ହେଉଛି ୪ମାସ ୧୦ଦିନ। ତେଣୁ 'ପ୍ରଥମ ଦିବସେ' ପାଠଟି ଯୁକ୍ତିଯୁକ୍ତ ଅଟେ। ମଲ୍ଲିନାଥ ମଧ୍ୟ ଏହାକୁ ସମର୍ଥନ କରନ୍ତି।

କାଳିଦାସଙ୍କ ପ୍ରକୃତି ଚିତ୍ରଣରେ ଅନ୍ତଃ ପ୍ରକୃତି ତଥା ବାହ୍ୟ ପ୍ରକୃତି ଦୁଇଟିଯାକ ସମାନ ସାମଞ୍ଜସ୍ୟର ସହିତ ଖେଳି ଉଠିଛି।

ମହାକବି କାଳିଦାସଙ୍କର କାଳଜୟୀ କୃତି 'ମେଘଦୂତ' ବହୁ ଶତାବ୍ଦୀ ଧରି ପ୍ରେମ ଓ ବିରହର ଶ୍ରେଷ୍ଠ ଅଭିବ୍ୟକ୍ତି ରୂପରେ ସମାଦୃତ ହୋଇ ଆସିଛି। ଏହି କୃତିରେ କାଳିଦାସଙ୍କର ରଚନାତ୍ମିକତା ଶିଖରରେ ଅଛି। ତେଣୁ 'ମେଘଦୂତ' ବହୁ ଶତାବ୍ଦୀ ଧରି କାବ୍ୟର ପ୍ରତିମାନ ଭାବେ ସ୍ଥାନ ପାଇଛି।

ଅଳ୍ପକଥା କହି ବହୁତ କିଛି କହିଯିବାର ଦକ୍ଷତା କାଳିଦାସଙ୍କ ପାଖରେ ଥିଲା। କାଳିଦାସ 'ମେଘଦୂତ'ରେ ଲେଖିଥିବା ନିମ୍ନରେ ଦିଆଯାଇଥିବା ଶ୍ଳୋକଟିକୁ ଦେଖନ୍ତୁ-

"ନୀପଂ ଦୃଷ୍ଟ୍ୱା ହରିତ କପିଶଂ କେସେରୈର୍ଦ୍ଧ ରୂଢୈ-
ରାବିର୍ଭୂତ ପ୍ରଥମ ମୁକୁଳାଃ କନ୍ଦଳୀ ଶ୍ଚାନୁକଚ୍ଛମ୍।
ଦଗ୍ଧାରଣ୍ୟେଷ୍ୱଧିକ ସୁରଭିଂ ଗନ୍ଧମାଘ୍ରାୟ ଚୋର୍ବ୍ୟାଃ
ସାରଙ୍ଗାସ୍ତେ ଜଳଲବମୁଚଃ ସୂଚୟିଷ୍ୟନ୍ତି ମାର୍ଗମ୍ ॥"

ଯଦିଓ 'ସାରଙ୍ଗ' ଗୋଟିଏ ଶବ୍ଦ, ଏହାର ଅର୍ଥ ଚାରୋଟି - ଚାତକ, ଭ୍ରମର, ମୃଗ ଓ ହସ୍ତୀ। କିନ୍ତୁ ମଲ୍ଲିନାଥଙ୍କ ମତରେ ଏହି ସ୍ଥାନରେ 'ସାରଙ୍ଗ'ର ଅର୍ଥ ବୁଝାଏ-ଭ୍ରମର, ମୃଗ ଓ ହସ୍ତୀ। ସେହି ମତକୁ ନେଇ ଏହି ଶ୍ଳୋକଟିର ଅର୍ଥ ହେଉଛି

ଯାତ୍ରାପଥରେ ଭ୍ରମରମାନେ ବିକଶିତ କଦମ୍ବ ପୁଷ୍ପକୁ ଦେଖି, ମୃଗମାନେ ବନ୍ୟକନ୍ଦଳୀକୁ ଭକ୍ଷଣ କରି ଏବଂ ହସ୍ତୀମାନେ ବସୁଧାର ସୁରଭିତ ଗନ୍ଧକୁ ଆଘ୍ରାଣ କରି ଜଳକଣାବର୍ଷୀ ମେଘର ମାର୍ଗକୁ ସୂଚିତ କରିବେ।

ଡକ୍ଟର ବ୍ରଜସୁନ୍ଦର ମିଶ୍ର ଲେଖିଛନ୍ତି- "ନଗ, ନଦୀ, ନଗର ଓ ନାଗରୀ- ଏ ଚାରୋଟି ଉପାଦାନ କାଳିଦାସୀୟ ସୃଷ୍ଟି ସମ୍ଭାରର ଅଗ୍ରଗଣ୍ୟ ବିଭବ ଭାବରେ ସର୍ବଜନ ସ୍ୱୀକୃତ।"

'ମେଘଦୂତ' ରେ ପଶୁପକ୍ଷୀମାନଙ୍କର ମଧ୍ୟ ବର୍ଣ୍ଣନା ରହିଛି। କାଳିଦାସ ଫୁଲଫଳର ବି ଅତି ସୁନ୍ଦର ଭାବରେ ବର୍ଣ୍ଣନା କରିଛନ୍ତି।

'ମେଘଦୂତ' ହେଉଛି ବର୍ଷାର କାବ୍ୟ। ରବିନ୍ଦ୍ରନାଥ ଟାଗୋର କହନ୍ତି- "ମେଘଦୂତ ଛଡ଼ା ନବ ବର୍ଷାର କାବ୍ୟ ଆଉ କୌଣସି ସାହିତ୍ୟରେ କେଉଁଠି ନାହିଁ। ଏଥିରେ ବର୍ଷାର ସମସ୍ତ ଅନ୍ତର୍ବେଦନା ନିତ୍ୟକାଳର ଭାଷାରେ ଲିଖିତ ହୋଇଯାଇଛି। ପୃଥିବୀର ସାଂସାରିକ ମେଘୋତ୍ସବର ଅନିର୍ବଚନୀୟ କବିତ୍ୱଗାଥା ମାନବର ଭାଷାରେ ବାନ୍ଧି ହୋଇଯାଇଛି।"

'ମେଘଦୂତ' ସ୍ୱରବୈଚିତ୍ର୍ୟ, ଧ୍ୱନିଗାମ୍ଭୀର୍ଯ୍ୟ, ଅତୁଳନୀୟ ଚିତ୍ରକଳ୍ପର ସମାବେଶରେ ଏକ ଅନନ୍ୟ ବର୍ଷାକାବ୍ୟ। ମନ୍ଦାକ୍ରାନ୍ତା ଛନ୍ଦରେ ରଚିତ ଏହାର ପ୍ରତ୍ୟେକଟି ଶ୍ଳୋକ ସ୍ୱୟଂସମ୍ପୂର୍ଣ୍ଣ। ପ୍ରତିଟି ଶ୍ଳୋକ ସ୍ୱତନ୍ତ୍ର ହୀରକଖଣ୍ଡ ଭଳି ଉଜ୍ଜ୍ୱଳ ଏବଂ ସମଗ୍ର କାବ୍ୟଟି ହୀରକହାର ପରି ସୁନ୍ଦର। ଏହି କାବ୍ୟରେ କାଳିଦାସ ଏକା ସାଙ୍ଗରେ ପ୍ରକୃତିର କବି, ମଣିଷର କବି।

'ମେଘଦୂତ' ଧର୍ମର କଥା ନୁହେଁ, କର୍ମର କଥା ବି ନୁହେଁ। ଏହା ପୁରାଣ ନୁହେଁ କି ଇତିହାସ ନୁହେଁ। ଯେଉଁ ଅବସ୍ଥାରେ ମଣିଷର ଚେତନ-ଅବଚେତନର ବିଚାର ଲୋପପାଏ, ଏହା ସେହି ଅବସ୍ଥାର ପ୍ରଳାପ। ଏହା ଖଣ୍ଡେ ନିର୍ମଳ ମୁକ୍ତାମୁଣ୍ଡା ଏବଂ ଏଥିରେ ବିରହୀର ବିଦୀର୍ଣ୍ଣ ହୃଦୟର ରକ୍ତଚିହ୍ନ କିଛି ଲାଗିଛି, କିନ୍ତୁ ତାକୁ ପୋଛିଦେଲେ ବି ଏହାର ମୂଲ୍ୟ କମ୍ ହେବନି।

ମଙ୍ଗଳାଚରଣ ସହ କାବ୍ୟ ଶେଷ ହୋଇଛି। ମଙ୍ଗଳ ଆଚରିତ ହୋଇଛି ମେଘପ୍ରତି ଯକ୍ଷର ଏକ ଆଶୀର୍ବାଣୀରେ-

'କ୍ଷଣମପି ଚ ତେ ବିଦ୍ୟୁତାଂ ବିପ୍ରଯୋଗଃ"

ଅର୍ଥାତ୍ କ୍ଷଣକାଳ ପାଇଁ ଯେପରି ବିଦ୍ୟୁତ-ପ୍ରିୟା ସହିତ ତୁମ ବିଚ୍ଛେଦ ନ ଘଟେ।

'ମେଘଦୂତ'ର ଖ୍ୟାତି ନିକଟରେ ସମାଲୋଚକମାନେ ନତମସ୍ତକ।

ସମାଲୋଚକମାନେ ବହୁ ପ୍ରଶଂସା କରିଥିବା ସତ୍ତ୍ୱେ, କେତେକ ସମାଲୋଚକ ଯକ୍ଷର ବିରହର ଯଥାର୍ଥତା ଉପରେ ପ୍ରଶ୍ନ ଉଠାନ୍ତି। ସେମାନେ କହନ୍ତି-ମାତ୍ର ଗୋଟିଏ ବର୍ଷ ପାଇଁ ବିଚ୍ଛେଦ, ପୁଣି ଏହା ଭିତରେ ଆଠମାସ ଅତିକ୍ରାନ୍ତ ହୋଇଯାଇଛି। ତାପରେ ବର୍ଷାଶେଷରେ ନିଶ୍ଚିତ ମିଳନର ଆଶ୍ୱସନା ସତ୍ତ୍ୱେ ବି ଯକ୍ଷର ବିରହ ଉଚ୍ଛ୍ୱାସ କାହା କାହା ପାଖରେ ଅବାସ୍ତବ ବୋଲି ପ୍ରତିଭାତ ହେଉଛି।

ଡଃ ସୁଶୀଲକମୁାର ଦେ ମନ୍ତବ୍ୟ ଦେଇଛନ୍ତି- "It has been urged that the temporary character of a very brief separation and the absolute certainty of reunion make the display of grief unmanly and its pathos unreal." - History of Sanskrit Literature

କିନ୍ତୁ ବିଚ୍ଛେଦ କ୍ଷଣକାଳୀନ ହେଲେ ବି ତାହା କେବଳ ସାମାନ୍ୟ ଉଚ୍ଛ୍ୱାସରେ ପର୍ଯ୍ୟବେସିତ ହୁଏନି। ଏହି ପ୍ରସଙ୍ଗରେ ଇଂରେଜ କବି ଡାଇଡ୍ରେନ (Dydren)ଙ୍କର ଗୋଟିଏ ଉକ୍ତିର ଉଲ୍ଲେଖ କରିବା ଆବଶ୍ୟକ-

"Every little absence is an age."

ଅର୍ଥାତ୍ ବିରହର ପ୍ରତିଟି ମୁହୂର୍ତ୍ତ ଅନନ୍ତ ବୋଲି ଏହା ପ୍ରତିଭାତ ହେବା ସ୍ୱାଭାବିକ।

ଯକ୍ଷର ବିରହ-ବେଦନା ସତ୍ୟ ବୋଲି କାଳିଦାସ ଯକ୍ଷ ମାଧ୍ୟମରେ ବିଶ୍ୱର ସକଳ ବିରହୀଙ୍କର ବେଦନାକୁ ରୂପପ୍ରଦାନ କରିବାରେ ସମର୍ଥ ହୋଇଛନ୍ତି। ତେଣୁ 'ମେଘଦୂତ' ଯୁଗ ଯୁଗ ଧରି ବିଶ୍ୱର ସକଳ ବିରହୀଙ୍କ ଚିତ୍ତକୁ ଆବେଦନ ଜଣାଏ।

କେତେକ କହନ୍ତି ଯେ 'ମେଘଦୂତ' ରେ ୧୧୧ଟି ଶ୍ଳୋକ ଅଛି। କିନ୍ତୁ ବଲ୍ଲଭଦେବଙ୍କ ମତରେ ଏଥିରେ ୧୧୫ଟି ଶ୍ଳୋକ ରହିଛି। ହେଲେ ମଲ୍ଲିନାଥ କହନ୍ତି ଯେ ଏଥିରେ ୧୧୮ଟି ଶ୍ଳୋକ ଅଛି। ଅନ୍ୟ କେତେକଙ୍କ ମତରେ ମେଘଦୂତରେ ୧୨୧ଟି ଶ୍ଳୋକ ରହିଛି।

ମୋର ଏହି ଅନୁବାଦଟି ମଲ୍ଲିନାଥଙ୍କ ଅନୁଯାୟୀ ୧୧୮ଟି ଶ୍ଳୋକ ବିଶିଷ୍ଟ।

ଭାରତର ବିଭିନ୍ନ ପ୍ରାଦେଶିକ ଭାଷାରେ 'ମେଘଦୂତ' ର ଅନେକ ଅନୁବାଦ ହୋଇଛି। ଓଡ଼ିଆ ଭାଷା ମଧ୍ୟ ଏଥିରୁ ବାଦ୍ ଯାଇନି। କିନ୍ତୁ ଓଡ଼ିଆ ତୁଳନାରେ ବଙ୍ଗଳା, ହିନ୍ଦୀ ଓ ମରାଠୀରେ ବହୁତ ବେଶି ଅନୁବାଦ ରହିଛି। ବଙ୍ଗଳାରେ ୩୫ଟି ପାଖାପାଖି ଅନୁବାଦ ଓ ମରାଠୀରେ ୩୦ଟି ପାଖାପାଖି ଅନୁବାଦ ଥିବା ସ୍ଥଳେ, ଓଡ଼ିଆରେ ୭-୮ଟି ଅନୁବାଦ ଥିବାର ଅନୁମାନ କରାଯାଏ।

କୃଷ୍ଣଶାସ୍ତ୍ରୀ ଚିପଲୁଣକର ୧୮୬୫ ମସିହାରେ 'ମେଘଦୂତ'ର ପ୍ରଥମ ମରାଠୀ

ଅନୁବାଦ କରିଥିଲେ। ବଙ୍ଗଳାରେ ପ୍ରାଣନାଥଙ୍କର ୧୮୭୧ ମସିହାରେ 'ମେଘଦୂତ'ର ପ୍ରଥମ ଅନୁବାଦ ପ୍ରକାଶ ପାଇଥିଲା। ଓଡ଼ିଆରେ କବିବର ରାଧାନାଥ ରାୟଙ୍କ ଅନୁବାଦ ହେଉଛି ପ୍ରଥମ ଅନୁବାଦ। ଏହା ପ୍ରଥମେ ବାଲେଶ୍ୱରରୁ ପ୍ରକାଶିତ ଓଡ଼ିଶାର ପ୍ରଥମ ସାହିତ୍ୟପତ୍ର 'ଉତ୍କଳଦର୍ପଣ'ର ପ୍ରଥମବର୍ଷ ଅଷ୍ଟମ ସଂଖ୍ୟା, ଅଗଷ୍ଟ ୧୮୭୩ରେ ପ୍ରକାଶିତ ହେବା ଆରମ୍ଭ ହୋଇଥିଲା। 'ପୂର୍ବମେଘ' ଏକାଦଶ ସଂଖ୍ୟା, ନଭେମ୍ବର ୧୮୭୩ରେ ପୂରା ହୋଇଥିଲା। ଦ୍ୱାଦଶ ସଂଖ୍ୟା, ଡିସେମ୍ବର ୧୮୭୩ରେ 'ଉତ୍ତରମେଘ'ର ପ୍ରଥମ କିଛି ଅଂଶ ପ୍ରକାଶ ପାଇଥିଲା। ତେଣୁ ଆଉ ୩ଟି ସଂଖ୍ୟାରେ ଏହା ପୂର୍ଣ୍ଣ ହେବା କଥା। ହୁଏତ ତାହା ହୋଇଥିବ। ୧୮୭୪ ମସିହାର ସଂଖ୍ୟା ଉପଲବ୍ଧ ନାହିଁ।

ତେଣୁ ୧୮୭୪ ମସିହା ପରେ ହିଁ ତାହା ପୁସ୍ତକ ଆକାରରେ ପ୍ରକାଶିତ ହୋଇଥିବା ରାଧାନାଥ ରାୟଙ୍କ ପରେ ନିମ୍ନ ଲିଖିତ କବିମାନେ ଓଡ଼ିଆରେ 'ମେଘଦୂତ'ର ଅନୁବାଦ କରିଛନ୍ତି-

୧. ପଣ୍ଡିତ ଗୋପୀନାଥ ନନ୍ଦ- କନ୍ଦାକ୍ରାନ୍ତା ଛନ୍ଦରେ,
୨. ପଣ୍ଡିତ ଦାଶରଥି ବିଦ୍ୟାରତ୍ନ (୧୯୦୫ ମସିହା, ମନ୍ଦାକ୍ରାନ୍ତା ଛନ୍ଦରେ)
୩. ସୁଦର୍ଶନ ନନ୍ଦ (୧୯୦୫ ମସିହା)-ଗଦ୍ୟ ଅନୁବାଦ,
୪. ବଂଶୀଧର ମହାନ୍ତି ମଧ୍ୟ 'ମେଘଦୂତ'ର ଏକ ଅନୁବାଦ ପ୍ରକାଶ କରିଥିଲେ।

୧୯୫୪ ମସିହାରେ ରାଧାମୋହନ ଗଡ଼ନାୟକଙ୍କର ଅନୁବାଦ ଆତ୍ମପ୍ରକାଶ କରିଥିଲା। ତାପରେ ସମ୍ବଲପୁରର ଡକ୍ଟର ଡକ୍ଟର ହରେକୃଷ୍ଣ ମେହେରଙ୍କର ଅନୁବାଦ ପ୍ରକାଶ ପାଇଛି। କିନ୍ତୁ ୨୦୨୪ରେ ପ୍ରକାଶ ପାଇଥିବା ପ୍ରିୟଦର୍ଶୀ ଦାଶଙ୍କ ଅନୁବାଦଟି ଅତି ସୁନ୍ଦର ହୋଇଛି। ସେହି ବର୍ଷ ୨୦୨୪ ମସିହାରେ ଦ୍ୱିତୀକୃଷ୍ଣ ପଣ୍ଡାଙ୍କ ଦ୍ୱାରା ଅନୁଦିତ ହୋଇ ମେଘଦୂତ ପ୍ରକାଶ ପାଇଛି।

ପ୍ରାଚୀନ ମାସିକା ପତ୍ରିକା 'ସହକାର' (୧୯୩୪-୩୫ ମସିହା) ୧୦ମ ସଂଖ୍ୟାରେ ରାଧାମୋହନ ଗଡ଼ନାୟକ 'ରାଧାନାଥଙ୍କ ମେଘଦୂତ' ନାମକ ଗୋଟିଏ ଲେଖା ପ୍ରକାଶ କରିଥିଲେ। ରାଧାନାଥଙ୍କ ଅନୁବାଦରେ ଥିବା ତ୍ରୁଟି ଦର୍ଶାଇ ସିଏ ଏହି ଲେଖାଟିକୁ ପ୍ରସ୍ତୁତ କରିଥିଲେ। ଗଡ଼ନାୟକଙ୍କ ଭାଷାରେ - "ରାଧାନାଥଙ୍କ ଅନୁବାଦରେ ଯଥେଷ୍ଟ ଲେଖନୀ ଗୌରବ ଅଛି। ଏତେ ତ୍ରୁଟି (imperfection) ସତ୍ତ୍ୱେ କବିଙ୍କ ଭାଷା ଚାତୁରୀ ଅନୁବାଦରେ ଚୁନକାମ (white washing) ଦେଇପାରିଛି, କିନ୍ତୁ କବିତା ସଙ୍ଗରେ ମିଳାଇ ପାଠକଲେ ପାଠକଙ୍କୁ କ୍ଷୁର୍ଣ୍ଣ ଓ ହତାଶ ହେବାକୁ ହୁଏ। ମୋର ଏହି ଅପ୍ରିୟ ସତ୍ୟ କଥାରେ ରାଧାନାଥଙ୍କର ଗୁଣମୁଗ୍ଧ ସାହିତ୍ୟିକମାନେ ବୋଧହୁଏ ବ୍ୟଥିତ ବା କ୍ଷୁବ୍ଧ ହେବେ ନାହିଁ।"

ପୁଣି ରାଧାମୋହନ ଗଡ଼ନାୟକ ତାଙ୍କ 'ମେଘଦୂତ'ର ଅନୁବାଦର ଭୂମିକାରେ ଲେଖିଛନ୍ତି- "'୧୯୩୧ ଜୈଷ୍ଟ ପୂର୍ଣ୍ଣିମା' ମୋର ଜୀବନର ଗୋଟିଏ ସ୍ମୃତିସିକ୍ତ ଦିନ। ସେହି ଦିନଟିର ସ୍ମୃତି ଉପରେ ମୁଁ ମୋର କାବ୍ୟ ନାୟିକାରେ 'ପୂର୍ଣ୍ଣିମା ସ୍ପର୍ଶ' ନାମରେ ଗୋଟିଏ କବିତା ଲେଖିଅଛି। ତା'ର ପରଦିନ 'ଆଷାଢ଼ସ୍ୟ ପ୍ରଥମ ଦିବସ।' ମେଘଦୂତର ଅନୁବାଦ ମୁଁ ଆରମ୍ଭ କରିଥିଲି ସେଇଦିନ। ଶେଷ କରିଥିଲି ସେହି ବର୍ଷ।

୧୯୩୧ରୁ ୧୯୫୪, ଦୀର୍ଘ ୨୩ବର୍ଷ, ମୁଦ୍ରାରାକ୍ଷସ ଗର୍ଭରୁ ମେଘଦୂତକୁ ଆତ୍ମପ୍ରକାଶ କରିବାକୁ ଲାଗିଲା ଏଇ ୨୩ବର୍ଷ। ଅବଶ୍ୟ ଏ ମେଘଦୂତ ପ୍ରକାଶ ଓଡ଼ିଆରେ ଗତାନୁଗତିକ ନୁହେଁ, ଲେଖାରେ ରେଖାର ସଂଯୋଜନା, ଛଳରେ ଚିତ୍ରର ସନ୍ନିବେଶ। ଓଡ଼ିଆ ସାହିତ୍ୟରେ ଏ ପ୍ରକାର ପ୍ରଚେଷ୍ଟା ନିଶ୍ଚୟ ପ୍ରଥମ।"

ସେହି ଭୂମିକାରେ ଅନ୍ୟ ଏକ ସ୍ଥାନରେ 'ସହକାର' ରେ ପକ୍ରାଶ ପାଇଥିବା 'ରାଧାନାଥଙ୍କ ମେଘଦୂତ' ନାମକ ସମାଲୋଚନାତ୍ମକ ପ୍ରବନ୍ଧ ବିଷୟରେ ଗଡ଼ନାୟକ ଲେଖିଛନ୍ତି- "ମୋର ସେଇ ପ୍ରବନ୍ଧ ପଢ଼ି ଶ୍ରୀ ହରିଶ୍ଚନ୍ଦ୍ର ବଡ଼ାଳ ତା'ର ପ୍ରତିବାଦ କରିଥିଲେ। ଶ୍ରୀ ବିଚ୍ଛନ୍ଦଚରଣ ପଟ୍ଟନାୟକ ମୋର ଲେଖାରେ ଅନୁପ୍ରାଣିତ ହୋଇ ନୂତନ କରି ମେଘଦୂତ ଅନୁବାଦ କରିବାରେ ପ୍ରବୃତ୍ତ ହୋଇଥିଲେ। କିନ୍ତୁ ମୁଁ ମେଘଦୂତର ଅନୁବାଦ କରି ସାରିଥିଲି ତା'ର ତିନିବର୍ଷ ଆଗରୁ।"

ବିଚ୍ଛନ୍ଦଚରଣ ପଟ୍ଟନାୟକଙ୍କର ସେହି ଅନୁବାଦ ପ୍ରାଚୀନ ମାସିକ ପତ୍ରିକା 'ନାୟକ' (୧୯୩୬ ମସିହା, ପ୍ରଥମବର୍ଷ, ତୃତୀୟ ସଂଖ୍ୟା)ରେ ପ୍ରକାଶ ପାଇଥିଲା। ତାହା ହୁଏତ କ୍ରମଶ ଭାବରେ ପ୍ରକାଶ ପାଇବାର ଥିଲା। କିନ୍ତୁ ତାଙ୍କ ଅନୁବାଦ ପୂର୍ଣ୍ଣ ନ ହେବାରୁ ଗୋଟିଏ ସଂଖ୍ୟାରେ ବାହାରିବା ପରେ ଆଉ ପ୍ରକାଶ ପାଇଲାନି। ତେଣୁ ତାଙ୍କ ଅନୁବାଦ ପୁସ୍ତକ ଭାବରେ ପ୍ରକାଶିତ ହେବାର ପ୍ରଶ୍ନ ଉଠୁନି।

'ନାୟକ'ର ସେହି ସଂଖ୍ୟାରେ ବିଚ୍ଛନ୍ଦଚରଣ ପଟ୍ଟନାୟକ ଲେଖିଛନ୍ତି- "କବିବର ରାଧାନାଥ ମେଘଦୂତର ଗୋଟିଏ କମନୀୟ ଅନୁବାଦ କରିଯାଇଛନ୍ତି। କିନ୍ତୁ ଅନୁବାଦକୁ କମନୀୟ କରିବାକୁ ଯାଇ ସେ ଏତେ ସ୍ୱାଧୀନତା ଅବଲମ୍ବନ କରିଛନ୍ତି ଯେ ମୂଳ ସଂସ୍କୃତ ମେଘଦୂତକୁ ଅନୁବାଦ ବହୁତ ଛାଡ଼ିଅଛି। ବାବୁ ରାଧାମୋହନ ଗଡ଼ନାୟକ ଏକଥା କେତେ ମାସ ତଳେ 'ସହକାର' ପତ୍ରିକାରେ ବିଶଦ ଭାବରେ ଦେଖାଇ ଦେଇ ଅଛନ୍ତି। ତାଙ୍କ ଲେଖା ପାଠକଲା ପରେ ମୁଁ ମେଘଦୂତର ଏହି ମୂଳାନୁସାରୀ ଅନୁବାଦରେ ମନଯୋଗୀ ହେଲି। ରାଧାନାଥଙ୍କ ତୁଲ୍ୟ ସ୍ୱାଧୀନତା ଅବଲମ୍ବନ କରିଥିଲେ ଏହା ଆହୁରି ସୁଖବୋଧ୍ୟ ହୋଇପାରିଥାନ୍ତା। କିନ୍ତୁ ପ୍ରୟୋଜନ ନଥାଇ ଅନୁବାଦରେ ସ୍ୱାଧୀନତା ଅବଲମ୍ବନ କରିବା ଏକାବେଳକେ ଅକ୍ଷମଣୀୟ।

ମୋ ଅନୁବାଦ ଯଦି ଷୋଳ ଅଣା ମୂଳାନୁସାରୀ ନ ହୋଇ ପନ୍ଦର ଅଣା ହୋଇଥାଏ ତେବେ ମଧ୍ୟ ମୁଁ କୃତାର୍ଥ ହେବି। ପାଠକପାଠିକା ମାନଙ୍କର ବିଚାର ସୌକର୍ଯ୍ୟ ନିମନ୍ତେ ମୂଳସହିତ ଅନୁବାଦ ଏଥିରେ ପ୍ରଦତ୍ତ ହେଲା।"

ରାଧାମୋହନ ଗଡ଼ନାୟକଙ୍କର 'ମେଘଦୂତ' ପ୍ରକାଶ ହେବାର ୭ବର୍ଷ ପରେ, ଅର୍ଥାତ୍ ୧୯୬୧ ମସିହାରେ ତ୍ରିପୁରାରି ତ୍ରିପାଠୀଙ୍କ ଦ୍ୱାରା ଅନୂଦିତ 'ମେଘଦୂତ' ପ୍ରକାଶ ପାଇଥିଲା। ଏହା ଥିଲା ଗୋଟିଏ ସୁନ୍ଦର ଅନୁବାଦ।

ତାପରେ ଦୀର୍ଘ ୫୩ ବର୍ଷର ବ୍ୟବଧାନରେ ଦୁଇଟି ଅନୁବାଦ ପ୍ରକାଶିତ ହେଲା ୨୦୧୪ ମସିହାରେ। ଏହି ଦୁଇଟି ହେଲା ପ୍ରିୟଦର୍ଶୀ ଦାଶ ଓ ଦ୍ୱିତୀକୃଷ୍ଣ ପଣ୍ଡାଙ୍କ ଦ୍ୱାରା ଅନୁବାଦ କରାଯାଇଥିବା 'ମେଘଦୂତ'।

ମୋର ଏହି ଅନୁବାଦଟିକୁ ମୁଁ ସରଳ ଓ ସାବଲୀଳ କରିବାକୁ ଚେଷ୍ଟା କରିଛି ଯାହା ଫଳରେ ଏହାକୁ ପାଠକଲାବେଳେ ପାଠକ-ପାଠିକାମାନଙ୍କର ମନ ଓ ମସ୍ତିଷ୍କ କାବ୍ୟଟିର ବିଷୟବସ୍ତୁ ସହିତ ସମତାଳ ଦେଇ ଗତିକରିବ। ମୋର ଏହି ଅନୁବାଦଟି ଓଡ଼ିଶାର ପାଠକ-ପାଠିକାମାନଙ୍କ ମହଲରେ ଆଦୃତ ହେବ ବୋଲି ଆଶା ରଖୁଛି।

- **ଅନୁବାଦକ**

ପୂର୍ବମେଘ

'ପୂର୍ବମେଘ' ଭାଗରେ କାଳିଦାସ ପ୍ରଧାନତ ନିସର୍ଗ ବର୍ଣ୍ଣନା କରିଛନ୍ତି । ଏହି ଭାଗରେ କବି ପଥ-ପରିଚୟ ପ୍ରସଙ୍ଗରେ ଯେଉଁ ଦୃଶ୍ୟାବଳୀ ଅଙ୍କନ କରିଛନ୍ତି, ସେଥିରେ ବିରହୀ ଯକ୍ଷର ସହିତ ପାଠକର ମଧ୍ୟ ଚେତନ-ଅବଚେତନର ଭେଦଜ୍ଞାନ ଲୋପ ପାଇଥାଏ ।

୧

ନିଜ କାର୍ଯ୍ୟେ ଅବହେଳା
କଲା ଯକ୍ଷଯୁବା ଜଣେ
ରୁଷ୍ଟ ହୋଇ ଯକ୍ଷପତି
ପଠାଇଲେ ନିର୍ବାସନେ ।
ଅଭିଶପ୍ତ ହେଲା ସିଏ
ତାହାର ତ କର୍ମଦୋଷେ
ଶିରୋଧାର୍ଯ୍ୟ କଲା, ଯାହା-
ଯକ୍ଷପତି ଦେଲେ ରୋଷେ ।
ତା ଶାସ୍ତିର ଅନୁସାରେ ଗୋଟିଏ ବରଷ ପାଇଁ
ବସତି ରଚିଲା ସିଏ ରାମଗିରି ବନେ ଯାଇ ।
ବହୁତ ଆଶ୍ରମେ ତହିଁ ରହିଲା ସେ
ଯକ୍ଷ ଯୁବା
ପ୍ରେୟସୀର କଥା ଚିନ୍ତି ଆତୁର ତ
ରାତ୍ରି ଦିବା ।
ଦୂରୁହ ହେଲା ଜୀବନ
ଦୟିତା ବିରହେ ତାର
ଭୋଗିଲା ପ୍ରଭୁଙ୍କ ଶାପେ
ବିରହର ଗୁରୁ ଭାର ।
ଯେତେକ ମହିମା
ଯେତେକ ଗରିମା
ସବୁଥିରୁ ହେଲା ବଞ୍ଚିତ ସିଏ

ଆଶ୍ରମରେ ଥାଇ
ମୂହ୍ୟମାନ ହୋଇ
ସମୟ ତ ତାର ବିତାଉ ଥାଏ ।
ଜନକ-ଦୁହିତା ସ୍ନାନ ଫଳେ ପରା
ପୁଣ୍ୟମୟୀ ତହିଁ ଜଳରାଶି ତ
ମହୀରୂହକୁଳ ସ୍ନିଗ୍ଧ ଛାୟାଦାନେ
ସେହି ସ୍ଥାନ ସୁଶୀତଳ ବହୁତ ॥

୨

ରାମଗିରି ଆଶ୍ରମରେ କାନ୍ତାବିନା
ରହିକରି
ଉଦାସେ କାଟିଲା ଦିନ, ତା' କଥାକୁ
ଝୁରି ଝୁରି ।
ବିତିଗଲା ଏହି ପରି
କେତେ ମାସ ତହିଁ ତା'ର
ଚିନ୍ତାରେ ତ ହେଲା କ୍ଷୀଣ
ସେହି ଯକ୍ଷର ଶରୀର ।
ସୁନାବଳା
ଖସିଗଲା
ଖାଲି ତା ମଣିବନ୍ଧନ
ପ୍ରିୟା କଥା ଭାବି ଭାବି ନିରାଶେ ଭରିଛି ମନ ।
ନବ ଆଷାଢ଼ ମାସର
ପ୍ରଥମ ଦିବସେ ତହିଁ
କଳାହାଣ୍ଡିଆ ମେଘକୁ
ଦେଖିଲା ସେ ଯେବେ ଚାହିଁ;
ଦେଖିଲା ଯେ ଘୋଟି ଅଛି
ମେଘମାଳା ଘନତମ
ହୁଏ ପ୍ରତେ ବପ୍ରକୀଡ଼ା
କରୁଛି କି ମାତଙ୍ଗମ !
ଅତି ଖୁସୀ ମନରେ ତ
ସେହି ସୁନ୍ଦର ହାତୀଟି
ମାଟିକୁ ଯେ ଉଖାଡୁଛି
ଦାନ୍ତ ତା'ର ପିଟି ପିଟି ॥

୩

ରାଜରାଜ ଅନୁଚର
        ଯକ୍ଷ ବହୁକ୍ଷଣ
ସମ୍ମୁଖରେ ଠିଆ ହୋଇ
        କଲା ନରୀକ୍ଷଣ ।
ଆଖିର ଭିତରେ ତାର ଭରି ରହିଅଛି ଲୁହ
ପ୍ରିୟା କଥା ଭାବି ଭାବି ହୃଦୟରୁ ଉଠେ କୋହ ।
ଆପଣା ନିକଟେ ଯାର
        ସୁନ୍ଦରୀ ପ୍ରେୟସୀ ଥାଇ
ମେଘ ଦରଶନେ ସେ ତ
        ପ୍ରେମରେ ଯେ ହୁଏ ବାଇ !
ପ୍ରାଣପ୍ରିୟା   କାନ୍ତା ପରା
        ରହିଥାଏ ଦୂରେ ଯାର
ମେଘାଗମେ   ମନୋବ୍ୟଥା
        କିଏ ସେ ବୁଝିବ ତାର ?
ପ୍ରିୟାର ଗଳାକୁ ହାତେ
        ଜାବୁଡ଼ି ଧରିବା ପାଇଁ
ଆତୁର ହୁଅଇ ସେ ତ
        ମନ ହୁଏ ହାଇଁପାଇଁ ॥

୪

ଶ୍ରାବଣ ମାସର ଆଗମ ସମୀପ
ଜାଣି କରି ସିଏ ହେଲା ଅଥୟ
କାନ୍ତା ଜୀବନକୁ କିପରି ରଖିବ
ଭାଳେ ସେହି କଥା ତା'ର ହୃଦୟ।
ଅନେକ ଦୂରରେ ରହିଅଛି ଏବେ
ତା'ର କାନ୍ତା, ହୃଦ-ଗଳାମାଳି ତ
ଚିନ୍ତି ଯକ୍ଷଯୁବା ପ୍ରିୟତମା ପାଶେ
ପେଶିବ ବାରତା କଲା ନିଶ୍ଚିତ।
ଏହି କଥା ଭାବି କରି
ସେ ଯକ୍ଷଯୁବକ ପୁଣି
ଅର୍ଘ୍ୟର ରୂପରେ ଦେଲା
କୁଟଜ କୁସୁମ ଆଣି।
କର ଦୁଇ ଯୋଡ଼ି କରି
କହିଲା ସେ ମେଘେ ଧୀରେ
ତା' ବାରତା ନେବା ପାଇଁ
ବୁଝାଇ ବହୁ ପ୍ରକାରେ।
ଜଳଧର ପାଶେ ସେ ତ
ବଖାଣେ ପ୍ରୀତି ବଚନ
କୁଶଳ ବାରତା ତା'ର
ଜୀମୂତ କରୁ ବହନ ॥

୫

ଧୂମ, ଜ୍ୟୋତି, ବାୟୁ, ପୁଣି
ସଲିଳର ସମାହାରେ
ରଚିତ ଯେ ମେଘ ସେ କି
ବାର୍ତ୍ତା କେବେ ବହିପାରେ !
ସଚେତନ ପ୍ରାଣୀଲାଗି
ସମ୍ଭବପର ଏହା ତ
ଅଚେତନ ମେଘ ପାଇଁ
ନୁହେଁ କେବେ ସମୁଚିତ ।
ଉତ୍ସୁକତା ବଶେ ସେ ତ
କୃପା ଚାହେଁ ଜୀମୂତର
ଚେତନ ବା ଅଚେତନ
ବୁଝେ ନାହିଁ ମନ ତା'ର ।
କାମନା ଯେ ବସାବାନ୍ଧେ
ସେହ ଯକ୍ଷ ମନେ ପରା
ଘନ ମେଘେ ଦେଖି ସିଏ
ହୋଇଅଛି ଆତ୍ମହରା ।
ଗୁହାରୀ କରିଲା ସିଏ ମେଘ ଆଗେ
ଠିଆ ହୋଇ
କୁଶଳ ବାରତା ତା'ର କାନ୍ତା ପାଶେ
ନେବା ପାଇଁ ।
ପ୍ରକୃତି ତ କରୁ ଅଛି
ସେ ଯକ୍ଷକୁ କଲବଲ
ମେଘ ଯଦି ବାର୍ତ୍ତା ନେବ
ହୋଇବ ବହୁତ ଭଲ ।

୬

ଭୁବନ ବିଦିତ ବଂଶ
            ପୁଷ୍କରାଜର୍ତ୍ତକେ ପରା
ଜନମିଛ ତୁମେ ମେଘ !
            ଜାଣନ୍ତି ଦୁନିଆ ସାରା ।
ଜାଣେ ମୁହିଁ ଅଟ ତୁମେ
            ଦେବରାଜ ଇନ୍ଦ୍ରଙ୍କର
ପ୍ରଧାନ ପୁରୁଷ ପୁଣି
            କାମ-ରୂପୀ ଅନୁଚର ।
ବିଧିର ବିପାକେ ମୁହିଁ ପ୍ରିୟାଠାରୁ ଅଛି ଦୂରେ
ସେଥିଲାଗି ତୁମ ପାଶେ କୃପାଭିକ୍ଷା ଆଜି କରେ ।
    ତୁମେ ଘନ !   ଇଚ୍ଛାମତେ
            କେତେ ରୂପ ପାର ନେଇ
    ମନ୍ଦ ଭାଗ୍ୟ   ମୋହର ତ
            ଶୁଣ ମୋ ପ୍ରାର୍ଥନା ଭାଇ !
ଗୁଣୀଜନ ପାଶେ ପରା
            ବିଫଳ ପ୍ରାର୍ଥନା ଶ୍ରେୟ
ଅଧମଠୁ ପ୍ରାପ୍ତ ହେଲେ
            ନୁହେଁ ତାହା ବରଣୀୟ ॥

୬

ସନ୍ତପ୍ତର ତୁମେ ମେଘ
ଅଟ ଯେ ଶରଣ ପରା
ସୁଶୀତଳ ତବ ବାରି
ତୁମେ ସଭିଙ୍କ ଆସରା ।
କାନ୍ତାର ବିରହ ସହି ନ ପାରି
ତୁମକୁ ନୀରଦ ! କରେ ଗୁହାରୀ ।
ବିରହିଣୀ ପ୍ରିୟା ପାଶେ
ମୋ ବାରତା ତୁମେ ଏବେ ନିଅ
ଏକାକିନୀ ରହେ ଯହିଁ
ସେ ଅଳକାପୁରୀକୁ ତ ଯାଅ ।
କୃପାଗୁଣେ ହେ ଜୀମୂତ
ନେଇ କରି ମୋ ସଂଦେଶ
ପ୍ରବେଶ କରିବ ତୁମେ
କୁବେରଙ୍କର ସେ ଦେଶ ।
ଦେଖିବ ସେଠାରେ
ଉଦ୍ୟାନ ଶେଷରେ
ପ୍ରମଥପତି ଯେ ବିଦ୍ୟମାନ
ଶିରୋଦେଶେ ଯାଇ
ବାସ ଶଶୀଙ୍କର
ସେ ଦୃଶ୍ୟ ତ ଅତି ବିମୋହନ !
ଚନ୍ଦ୍ରର କିରଣ ଲାଗି ପ୍ରାସାଦ ଯେ ଚମକଇ
ଅଳକାନଗରୀ ଆଡ଼େ ପ୍ରସ୍ଥାନ ତ କର ଭାଇ ॥

୮

ଆକାଶରେ ଯେବେ ତୁମେ
ଉଡ଼ିବ ହେ ମେଘ ଭାଇ !
ପ୍ରବାସୀଙ୍କ ପ୍ରିୟାମାନେ
କନ୍ତଳକୁ ଟେକି ଦେଇ;
ଆଶ୍ୱାସରେ ଅତି
ବିଶ୍ୱାସରେ ମାତି
ଚାହିଁବେ ତୁମକୁ ହେ ଜଳଧର !
ଫେରିବ ନିଶ୍ଚୟ ପ୍ରିୟ ତାଙ୍କର ।
ପତ୍ନୀର ପାଇଁକି ବ୍ୟାକୁଳିତ ଥିବ
ସଦା ବିରହୀଙ୍କ ମନ
ଉଦାସୀନ କେବେ ହୋଇ ପାରିବ କି
ଯେ ନୁହେଁ ପର ଅଧୀନ ?
ମୋ ପରି ଅଭାଗା ସବୁ ତ ସହେ
ବିରହରେ ସିନା ନିଜକୁ ଦହେ !
ତୁମ ଆସିବାର ଦେଖି
ଖୁସୀ ହେବେ ବିରହିଣୀ
ବିତାଉ ଥିଲେ ଯେ ରାତି
ପ୍ରହରକୁ ଗଣି ଗଣି ॥

୯

ଅନୁକୂଳ ବାୟୁ ଏବେ
ଉଡ଼ାଇ ନେଉଛି ଘନ !
ଆଉ ବାଧା ନାହିଁ କିଛି
ଆରାମେ ଯାଅ ବହନ।
ସଗର୍ବେ ଚାତକ ପରା
ବାମ ପାଶେ ରହି କରି
ଧରିବ ମଧୁର ସ୍ୱର
ଆକାଶର ବୁକୁ ଚିରି।
ଗର୍ଭାଧାନ ଉତ୍ସବର
ଅଭ୍ୟାସ ପାଳନେ ଆଜି
ପଂକ୍ତି ବାନ୍ଧି ନୀଳାକାଶେ
ଆସିବେ ବଳକାରାଜି।
ନୟନାଭିରାମ ସତେ
ସେହି ଦୃଶ୍ୟମେଘ ଭାଇ !
ଆସିବେ ତୁମ ସମୀପେ
ସ୍ନେହ ଦର୍ଶାଇବା ପାଇଁ।
ଗର୍ଭାଧାରଣର ସୁଖେ ଆସିବେ ବଗୁଲି ଦଳ
ସୁନୀଳ ଆକାଶକୋଳେ ରଚିବେ ଚାରୁ ଶୃଙ୍ଖଳ ॥

୧୦

ଅବିରାମେ କଲେ ଗତି
ଭେଟିବ କାନ୍ତାକୁ ମୋର
ପତିପ୍ରାଣା ଭ୍ରାତୃଜାୟା
ଥିବ ସମ୍ମୁଖେ ତୁମର ।
ବ୍ୟାକୁଳ, ବିରହ
ପରାଣରେ ଥିବ
ମୋର ପେୟସୀ
ବିଷାଦ, ମଳିନ-
ମୁଖେ ଥିବ ସିଏ
ବିଜନେ ବସି ।
ଗଣୁଥିବ ଦିବାଦଣ୍ଡ
ପତିର ମିଳନ ପାଇଁ
ଆଶାର କିରଣ ସେବେ
ଥିବ ତା'ର ମନେ ଛାଇ ।
ହୋଇଥିବ କ୍ଷୀଣ ପରା
ସୁକୋମଳ ତନୁ ତା'ର
ବେଦନାର ଆଘାତରେ
ଆହତ ପ୍ରାଣ ତାହାର ।
ଆଶାବୃନ୍ତେ ଝୁଲୁଥିବ
ଶିଥିଳ ଫୁଲର ପରି
ବିରହେ ବ୍ୟାକୁଳ ଭାବେ
ରହିଥିବ ପ୍ରାଣ ଧରି ॥

୧୧

ତୁମର ଗର୍ଜନ ଶୁଣି
ଆକାଶ ଶିହରି ଉଠେ
ପରଶେ ତୁମର ଘନ !
ଭୂଇଁଚମ୍ପା ଫୁଲ ଫୁଟେ ।
ବନ୍ଧ୍ୟା ଧରା ହୋଇବ ତ
ଫଳବତୀ ତୁମ ପାଇଁ
ପ୍ରାଣେ ତ ଜାଗିବ ଆଶା
ତୁମେ ତାକୁ ଦେଲେ ଛୁଇଁ ।
ଶୁଣି ନାଦ ମୃଦଙ୍ଗର, ମେଘର ଡମ୍ବରୁ ସ୍ୱର
ମାନସରୋବର ପଥେ ଯିବାକୁ ହେବେ ତତ୍ପର;
ରାଜହଂସ ବାନ୍ଧିଦଳ
ଉଡ଼ିବେ ଆକାଶ ଭରି
ପଦ୍ମ-ନାଡ଼ ସେମାନେ ତ
ଚଞ୍ଚୁ ଅଗ୍ରେ ଥିବେ ଧରି ।
କୈଳାସ ଆଡ଼କୁ ତୁମେ
ଗଲାବେଳେ ହେ ଜୀମୂତ !
ସେହି ହଂସଦଳ ଯେତେ
ଚଳିବେ ତୁମ ସହିତ ॥

୧୨

ଆହେ ପ୍ରିୟ ସଖା ମୋର
ସେଠାରୁ ବିଦାୟ ଘେନ
ଯେଉଁଠି ପର୍ବତେ ଅଛି
ରାମଙ୍କର ପଦଚିହ୍ନ ।
ତୁମେ ହେବ କୋଳାକୋଳି
ସେ ପାହାଡ଼ ସାଙ୍ଗରେ ତ
କହି କେତେ ମିଠା କଥା
କର ତା' ମନ ଉଷତ ।
ସମୟେ ସମୟେ ତା'ର
ସମ୍ପର୍କ ତ ତୁମ ସହ
ଦୀର୍ଘ ବିରହର ଲାଗି
ବୁହାଏ ସେ ଆଖି ଲୁହ ।
କରିଥାଏ ସେ ତ ସ୍ନେହର ପ୍ରକଟ
ତପତ ଲୋତକ ବୁହାଇଣ
ତଥାପି ସେଠାରେ ଆହେ ଘନ ! ତୁମେ
ରହିବନି ମୋଟେ ବେଶିକ୍ଷଣ ।
ଅଗ୍ରସର ହୁଅ ତୁମେ
ଯିବାବାଟେ ହେ ଜୀମୂତ !
ତାହା ହେବ ଶୁଭଙ୍କର
ହୁଏ ମୁହିଁ ଆଶାନ୍ୱିତ ॥

୧୩

କହୁଅଛି ଯାହା ଏବେ
ମନ ଦେଇ ଶୁଣ ଭାଇ !
କେଉଁ ବାଟେ ଗଲେ ତୁମେ
ଅସୁବିଧା ହେବ ନାଇଁ ।
ତା'ପରେ କହିବି ମିତ !
ପ୍ରିୟା ଲାଗି ସଂଦେଶ ତ
ଯା ହେବ ତା' ପାଇଁ ଶ୍ରୁତି-ମଧୁର
ଧ୍ୟାନ ଦେଇ ଶୁଣିବ ଯେ ସେଥର ।
ଆହେ ଘନ ! ଥକିଗଲେ
ଓହ୍ଲାଇ ପର୍ବତ କୋଳେ
ପାତି ଦେବ କ୍ଳାନ୍ତ ତନୁ ଗୋଟି
ମହୀଧର ଶିରେ ଥାଇ
ବିଶ୍ରାମ ତ ନେବ ଭାଇ !
ଦୁର୍ବଳତା ଦୂରେ ଯିବ ହଟି ।
ବାରମ୍ବାର ତନୁକ୍ଷୀଣ
ଯେ ସ୍ରୋତର ଅଛି ହୋଇ
ସେହି ସ୍ରୋତୁ ତୁମେ ମେଘ !
ଲଘୁଜଳ ପିଅ ନେଇ ।
ତୁମ ତୃଷା ମେଣ୍ଟିଯିବ
ପିଇଲେ ଝରଣା ଜଳ
ସେ ଜଳର ପାନେ ତୁମ
ପ୍ରାଣ ହୋଇବ ଶୀତଳ ॥

୧୪

ଝଂଜା ବେଗେ ତୁମେ ଯେବେ
ଉଡ଼ି ଯାଉଥିବ ସତେ
ମନେ ହେବ ଗିରି ଚୋଟି
ଉଡୁଛି କି ବାୟୁଘାତେ ?
ସିଦ୍ଧାଙ୍ଗନା ଅନାଇବେ
ମୁଗ୍ଧ ଓ ଉନ୍ମୁଖ ହୋଇ
ଉଦ୍ୟମ ତ କରିବ ହେ
ସେଠୁ ଚାଲିଯିବା ପାଇଁ ।
ନ ରହି ଅଧିକ କ୍ଷଣ
ସରସ ବେତସ ବନେ
ସେଠାରୁ ତ ତୁମେ ମେଘ !
ଚାଲିଯିବ ଫୁର୍ତିମନେ ।
ସାବଧାନେ ଯାଉଥିବ
ମୁଖ ଉତ୍ତରେ କରିଣ
ଦିଗ୍‌ନାଗ ମାନଙ୍କର
ଅବରୋଧ ଏଡ଼ାଇଣ ॥

୧୫

ବାଲ୍ମୀକି-ଶିଖରୁ ପରା
ଇନ୍ଦ୍ରଧନୁ ବାହାରିଛି
ସପତ ରଙ୍ଗରେ ସେ ତ
କି ସୁନ୍ଦର ଦିଶୁଅଛି !
ରୁଚିର ପରଶେ ତାର
ତୁମର ଯେ କଳେବର
ଧରିବ ଶୋଭା ପରମ
ଦିଶିବ ଯା ମନୋରମ।
ଶ୍ୟାମଳ ତନୁକୁ ସେ ତ
ସଜାଇବ କେତେ ରଙ୍ଗେ
ରତ୍ନଛାୟା କିରଣର
କାନ୍ତି ମାଖି ସେହି ଅଙ୍ଗେ।
ଶିଖୀ-ପୁଚ୍ଛରେ ତ ହୋଇ ସୁଶୋଭିତ
ଦିଶିବ ରୂପ ମୋହନ
ସତେ ଅବା ସିଏ ଗୋପବେଶଧାରୀ
ଯେପରି ମଧୁସୂଦନ ! ॥

୧୬

କ୍ଷେତ୍ର ଦେବତା ତୁମେ ଯେ
ଫସଲର ମେଘ ଭାଇ !
ଗ୍ରାମର ଲଳନାଗଣ
ଚାହିଁବେ ଚକିତ ହୋଇ ।
ସତୃଷ୍ଣ ନୟନେ ପରା
ଦେଖିବେ ରୂପ-ପଶରା
ପ୍ରୀତି-ଢ଼ଳ ଢ଼ଳ ସତେ ତାଙ୍କ ଭାବନା
ନିରେଖିବ ଜଳଧର !
ପରମ ପ୍ରୀତି ତାଙ୍କର
ଜଣା ନାହିଁ ସେମାନଙ୍କୁ ଭ୍ରୂରୁ-ଚାଳନା ।
ବୃଷ୍ଟି କରାଇବ ତୁମେ
ସେ କ୍ଷେତ୍ରରେ ଆହେ ଘନ !
ତାଜା ହଳ-ଚାଳନାରେ
କର୍ଷିତ ଯେ ସେହି ସ୍ଥାନ ।
ଢାଳି ନବ ଜଳ ଧାରା
ସିକ୍ତକର ମାଟିକୁ ତ
ସୁରଭିତ ହେବ କ୍ଷେତ୍ର
ମାଟି ଗନ୍ଧେ ହେ ଜୀମୂତ !
ମନ୍ଥର ଗତିରେ ତୁମେ
ଚଳ କିଞ୍ଚିତ ପଶ୍ଚିମେ,
ତାପରେ ଯିବ ଉତ୍ତରେ
ଯିବ ହେ ତୀବ୍ର ଗତିରେ ॥

୧୭

ଅବତରି ତୁମେ ମେଘ !
ଆମ୍ରକୂଟ ଚୂଡ଼ାପରେ
ପ୍ରଶମିତ କରିବ ଯେ
ଦାବାନଳ ବାରିଧାରେ ।
ଶ୍ରାନ୍ତ, କ୍ଳାନ୍ତ ଦେଖିକରି ତୁମକୁ ସେ ଦେବ ସ୍ଥାନ
ଯତ୍ନରେ କରିବ ସେବା, ମୋହିବ ତୁମର ମନ ।
ବନ୍ଧୁ ଯେବେ ଆସିଥାଏ
ବିଶ୍ରାନ୍ତି ମୋଚନ ପାଇଁ
କ୍ଷୁଦ୍ର ଯିଏ ସିଏ ବି ତ
ଆଶ୍ରା ଟିକେ ଥାଏ ଦେଇ ।
ବନ୍ଧୁକୁ ସେ କରେ ନାହିଁ
କେବେ ହେଲେ ଅନାଦର
ଉଚ୍ଚ ପର୍ବତ ସିଏ ଯେ
ତା କଥାକୁ ନ ପଚାର ! ॥

୧୮

ପର୍ବତର ପାର୍ଶ୍ୱଦେଶେ
ସହକାର ଦ୍ରୁମମାନ,
ପକ୍ୱଫଳ ଦୋଳୁ ଅଛି,
ବାସୁଅଛି ସେହି ସ୍ଥାନ।
ହେ ମୁଦିର ! ତୁମେ ପର୍ବତ ଶିଖରେ
ଆରୋହଣ କରିଲେ ତ
ତୁମକୁ ତାହାର ପାଣ୍ଡୁର ରଙ୍ଗ ଯେ
ହୋଇଯିବ ଦୃଷ୍ଟିଗତ।
କଳାବେଣୀ ପରି ତୁମେ ଶ୍ୟାମକାନ୍ତି ଯୁକ୍ତ ହୋଇ
ପାଣ୍ଡୁର ରଙ୍ଗ ଭିତରେ ସୁନ୍ଦର ଯେ ଦିଶିବଇ।
ଦେବତା ଦମ୍ପତିମାନେ
ଦେଖିବେ ସେ ଗିରିବର
ମନରେ ଭାବିବେ ସେ କି
ଧରଣୀର ପୟୋଧର ! ॥

୧୯

ପର୍ବତ କୁଂଜରେ ପରା ବିହାର କରନ୍ତି ଯହିଁ
ବନଚର ବଧୂଗଣ, ମୁହୂର୍ତ୍ତେ ରହିବେ ତହିଁ।
ଜଳଧାରା ବରଷାଇ ଦ୍ରୁତବେଗେ ଚାଲି ଯିବ
ପରବର୍ତ୍ତୀ ପଥେ ଯାଇ ବିନ୍ଧ୍ୟଗିରିକୁ ଭେଟିବ।
ନିମ୍ନେ ନିରୀକ୍ଷଣ କରି
ଦେଖିବ ଯା ମେଘ ଭାଇ !
ତାହାର ବର୍ଣ୍ଣନା କରେ
ଶୁଣ ତୁମେ ମନ ଦେଇ।
ହାତୀ ଦେହେ ବିରଚିତ
ବିଚିତ୍ର ଭଙ୍ଗୀରେ ଘନ !
ଶୃଙ୍ଗାରର ଲେଖାଭଳି
ହୋଇବ ପ୍ରତୀୟମାନ।
କ୍ଷୀଣା ଆଉ ଖରସ୍ରୋତା
ରେବା ନାମେ ଖ୍ୟାତି ଯା'ର
ବିନ୍ଧ୍ୟଗିରି ପାଦଦେଶେ
ଦର୍ଶନ କରିବ ତା'ର ॥

୨୦

ବନଗଜ ମଦସ୍ରାବ ସେହି ସ୍ରୋତେ ଥିବ ମିଶି
ବାସୁଥିବ ମଦ ସମ, ସେ ବାସେ ହୋଇବ ଖୁସୀ।
କ୍ଷୀଣ ହୋଇଥିବ ତନୁ
ବରଷଣ କରି କରି
ତେଣୁ ସେ ନଦୀ ଉରସେ
ଆସ ତୁମେ ଅବତରି।
ଜମ୍ବୁକୁଂଜେ ପ୍ରବାହିତା
ନଦୀଜଳ ପିଇଲେ ତ
ତୁମେ ହେବ ଅନ୍ତଃସାର
ତା ଫଳରେ ହେ ଜୀମୂତ !
ତୁମର ଗୁରୁତ୍ୱ ତେଣୁ ବଢ଼ିଯିବ ଆହେ ଘନ !
ଟେକି ପାରିବନି ବାୟୁ, ହେବ ସେ ତ ହିନିମାନ।
ରିକ୍ତ ସବୁ ବସ୍ତୁ ପରା
ଓଜନରେ ଲଘୁ ହୁଏ
ଗୌରବର କାରଣ ତ
ପୂର୍ଣ୍ଣତା ହିଁ ହୋଇଥାଏ ॥

୨୧

ତୁମ ଗନ୍ତବ୍ୟ ପଥରେ
ବର୍ଷାପାତ ହେବା ପରେ
ଦେଖିବ ଅଦୂରେ ତୁମେ
ଅର୍ଦ୍ଧ ବିକଶିତ କେତେ କଦମ୍ବ-କଳି
କଦମ୍ବ ଫୁଲ କେଶର
ବର୍ଣ୍ଣେ ସବୁଜ-ଧୂସର
ସେହି ଦୃଶ୍ୟ ବାରିବହ !
ଦିଶୁ ଥିବ ମୁଗ୍ଧକର ସତେ କି ଭଳି ! ।
ତାହା ଚଉପାଶେ ଘୂରି ବୁଲୁଥିବେ
କେତେ ଯେ ଭ୍ରମର ଉନ୍ମତ୍ତ ମନେ
ଗୁଂଜରଣ ଛଳେ କହୁଥିବେ କେତେ
ତୁମ ଆସିବାର କଥା ସେମାନେ ।
ଜଳାର୍ଦ୍ର ସ୍ଥଳରେ ପରା
ଥିବ କେତେ କନ୍ଦଳୀ-ମୁକୁଳ
ହରିଣ ତ ଖୁସୀ ମନେ
ଖାଉ ଥିବେ ହୋଇ ଦଳ ଦଳ ।
ତୁମ ଆଗମନ
ସୂଚନା ସେମାନେ
ଦେଉଥିବେ ପରା ହେ ଜୀମୂତ !
ତାହା ଜାଣି କରି
ବଣ ଭୂଇଁ ସତେ
ହୋଇ ଯାଉଥିବ ଉଲ୍ଲସିତ ।

ଦଗ୍ଧ ବନଭୂମି   ତୁମ ବର୍ଷା ଯୋଗୁ
        ହସି ଉଠୁଥିବ ଯେ ଖିଲି ଖିଲି
ଓଦା ମାଟିରୁ ତ   ସୁଗନ୍ଧ ବାହାରି
        ଯାଉଥିବ ଚଉଦିଗରେ ଖେଳି ।
କାହିଁ ହସ୍ତୀମାନେ
ବୁଲି ବୁଲି ବନେ
        ଶୁଙ୍ଘୁଥିବେ ପରା ମାଟି-ସୁବାସ
କରିବେ ପ୍ରଚାର
ତୁମ ଆସିବାର
        କଂପାଇଣ ସେହି ବନ-ପ୍ରଦେଶ ।
କେଉଁଠି କେଉଁଠି ଢାଳିଅଛ ତୁମେ ବରଷାଧାରା
ସେହି କଥାକୁ ତ ବଖାଣିବେ, ବୁଲି କାନନ ସାରା ॥

୨୨

ଚତୁର ଚାତକ
ନବୀନ ଉଦକ-
ବିନ୍ଦୁକୁ ତ ସୁଖେ କରିବେ ପାନ
ସିଦ୍ଧ ଲଳନାଏ
ଚାତକ ପରାଏ
ଚାହିଁବେ ତୁମକୁ ହେ ନବଘନ !
ଆକାଶରେ ଉଡୁଥିବା
ବଗୁଲୀମାନଙ୍କୁ ଗଣି
ନିର୍ଦ୍ଦେଶ ଦେବାର ଲାଗି
ବଢ଼ାଇବେ ହାତ ପୁଣି ।
କର ତୁମେ ସେତେବେଳେ
ଶବ୍ଦ ହୃଦବିଦାରକ
ତ୍ରସ୍ତେ ପ୍ରିୟ, ସହଚରୀ
ଆଲିଙ୍ଗନେ ହେବେ ଏକ ।
ପ୍ରିୟଗଣ ଚମକିବେ ପ୍ରିୟାଙ୍କ ସାନିଧ୍ୟ ପାଇ
ତୁମକୁ ଆଦରେ ମେଘ ! ଦେଖିବେ ଯେ ଖୁସୀ ହୋଇ ॥

୨୩

ତୁମେ ତ ନୀରଦ ! ଏବେ
ମୋ ପ୍ରିୟା ସଂଦେଶ ନେଇ
ମନେ ଭାବୁଥିବ ଯଦି
ଦ୍ରୁତବେଗେ ଯିବା ପାଇଁ;
ହେବନି ସମ୍ଭବପର
ଗତି ଯେ ହେବ ମନ୍ଥର
ଅନୁମାନ କରେ ମୁହିଁ
ତୁମେ ଯେ ଆହେ ଜୀମୂତ
କାଳକ୍ଷେପ କରିବ ତ
ଟିକେ ସେ ସ୍ଥାନରେ ରହି।
ସେ ସ୍ଥାନକୁ ଛାଡ଼ି କରି
ଯିବାକୁ ହେବନି ମନ
ଲୋତକ ତ ଝରାଇବେ
ମୟୂର, ମୟୂରୀ ଗଣ।
ସ୍ୱାଗତ କରିବା ପାଇଁ
କେକାରବ କରିବେ ତ
ମୋର ଅନୁରୋଧ ରଖି
ଯିବାକୁ ହୁଅ ଉଦ୍ୟତ।
ନିଷ୍ଠୁର ହୃଦୟେ ଯାଅ ସେହି ସ୍ଥାନ ଛାଡ଼ି କରି
ନମାନି ତାଙ୍କର କଥା ଚାଲି ଯାଅ ବ୍ୟୋମଚାରୀ ॥

୨୪

ତୁମ ଆଗମନେ ଘନ !
				ଦଶାର୍ଣ୍ଣ ଦେଶରେ ପରା
ବିକଶିବ କେତକୀ ତ
				ଯାହା ସୁଗନ୍ଧରେ ଭରା ।
ଶୋଭିବ ଉଦ୍ୟାନ ଯେତେ
				ମ୍ଲାନ-ଶୁଭ୍ର ବେଶରେ ତ
କାକାଦି ବିହଙ୍ଗ ଥିବେ
				ନୀଡ଼ ରଚନାରେ ରତ ।
ଗ୍ରାମପଥେ			ଚୈତ୍ୟ ଯେତେ
				ଆକୁଳେ କରିବେ ରୋଳ
ପରିଣତ			ଫଳ ଭାରେ
				ଜମ୍ବୁବନ ସୁଶ୍ୟାମଳ ।
ଅନ୍ତରେ ଜାଗିବ ସୁଖ
				ଦେଖି ପକ୍ୱ ଫଳମାନ
ହଂସଦଳ ସଙ୍ଗେ ତୁମେ
				କାଟ ତହିଁ କିଛି ଦିନ ॥

୨୫

ଦଶାର୍ଣ୍ଣର ରାଜଧାନୀ
ଅଟେ ବିଦିଶା ନଗରୀ
ବ୍ୟାପି ଅଛି କୀର୍ତ୍ତି ଯା'ର
ଅଛି ଚଉଦିଗେ ପୂରି।
ବେତ୍ରବତୀ ନଦୀ ବହେ ଦେଖାଇ ଯେ କେତେ ଠାଣି
ଚଞ୍ଚଳ ତରଙ୍ଗ ତା'ର, ସୁସ୍ୱାଦୁ ତ ତା'ର ପାଣି।
ପହଞ୍ଚି ସେଠାରେ ତୁମେ
ଦେଖାଅ ରସିକ ପଣ
କାମୁକର ସବୁ ଆଶା
ଫଳବତୀ ହେବ ଜାଣ।
କୁଞ୍ଚିତ ନାରୀ ଆନନ
ଭ୍ରୂରୁ ନର୍ତ୍ତନରେ ପରା,
ନଦୀର ସେପରି ରୂପ
ଦେଖି ହେବ ଆତ୍ମହରା।
ଶୁଣିବ ଗୁଂଜନ ତା'ର
ପିଇବ ସେ ନଦୀ ଜଳ
ଗର୍ଜନ କରିବ ଘନ!
ତଟ ଦେଶେ କିଛି କାଳ ॥

୨୬

‘ନୀଚ’ ନାମେ ଯେଉଁ ଗିରି
ଅବତର ତା’ ଉରସେ
ବିଶ୍ରାମ ସେଠାରେ ନେବ
ନାଚିବ ମନ ହରଷେ।
ତୁମରି ଶୀତଳ
ପରଶେ କେବଳ
ଉଲ୍ଲାସେ ନାଚିବ ତା’ ଅପଘନ
ଫୁଟିବ ବହୁତ
କଦମ୍ବ ଫୁଲ ତ
ରୋମାଞ୍ଚିତ ହେବ ସେ ଗରିବନ।
ଶୈଳଗୁହା କୋଳେ ଥାଇ
ନାଗରିକଗଣ ଯେତେ
ସମ୍ଭୋଗ ସୁଖରେ ଲୀନ
ହୋଇଥିବେ ନାନା ମତେ।
ଚାଲିଥିବ ରତିକ୍ରୀଡ଼ା
ବାରବଧୂ ମାନଙ୍କର
ବିନା ବାଧା ପ୍ରାପ୍ତ ହୋଇ
ଖେଳ ଯେତେ ଯୌବନର ॥

୨୭

ବିଶ୍ରାମର ଅନ୍ତେ ତୁମେ
ସିଞ୍ଚ ଜଳକଣା ଧୀରେ
ବନ-ନଦୀ ତୀରେ ଜାତ-
ଯୁଥିକା କୋରକ ପରେ ।
ପୁଷ୍ପ ଚୟନର ବେଳେ କର୍ଣ୍ଣୋତ୍ପଳ ହେବ ମ୍ଳାନ
ସ୍ୱେଦ-ସିକ୍ତ ନାରୀଙ୍କର ଗଣ୍ଡୁ ସ୍ୱେଦ ପୋଛ ଘନ !
ଛାୟାଦାନ କର ତୁମେ
ନିଅ ତାଙ୍କ ପରିଚୟ
ବାର୍ତ୍ତାଲାପ ପରେ ଯାଇ
ସେଠାରୁ ଘେନ ବିଦାୟ ॥

୨୮

ଉତ୍ତରେ ଯିବାକୁ ଅଛି
ତଥାପି ଯିବ ବଙ୍କେଇ
ଉଜ୍ଜୟିନୀ ଯିବା କଥା
ଭୁଲିବନି କେବେ ଭାଇ !
ଉଜ୍ଜୟିନୀ ନଗରୀରେ
ଅଛି ଯେତେ ଅଟ୍ଟାଳିକା
ନେବ ତାଙ୍କ ପରିଚୟ
କରିବନି ଅଣଦେଖା ।
ସ୍ଫୁରିତ ବିଦ୍ୟୁତେ ପରା ଦେଖିବେ ତ ପୁରାଙ୍ଗନା
ତାଙ୍କ ଚକିତ ଆଖିରେ ବିଲୋଳ-ଅପାଙ୍ଗେ ସିନା !
ଚପଳା-ଚମକେ-ତ୍ରସ୍ତ-
ଦୃଷ୍ଟି ନ ଦେଲେ ଆମୋଦ
ବୃଥା ହେବ ତୁମ ଜନ୍ମ
ଜାଣି ରଖ ହେ ଜଳଦ ! ॥

୨୯

ନିର୍ବିନ୍ଧ୍ୟା ନଦୀକୁ ତୁମେ
ଭେଟିବ ପଥେ ଜୀମୂତ !
ତା’ ରସରେ ମାତି ଯିବ
ତୁମେ ବଡ଼ ରସିଆ ତ ।
ଉପଳ-ସ୍ଖଳିତ ସଲିଳର ଧାରା
ଭାସୁଛନ୍ତି ତହିଁ ହଂସଦଳ ପରା !
ହଂସଶ୍ରେଣୀ ତାର ସାଜିଛି ମେଖଳା
ଦିଶୁଅଛି ଯେହ୍ନେ ସେ ଷୋଡ଼ଶୀବାଳା !
ହଂସ କଳରବ ଜଳ କଳଧ୍ୱନି
ଝଙ୍କାର ଅଟେ ସେ ମେଖଳର
ତରଙ୍ଗ ତାଡ଼ନେ କୂଜନ ମୁଖର
ହଂସରାଜି କେଡ଼େ ଚମତ୍କାର ।
ଆବର୍ତ୍ତ-ନାଭିକୁ ଦେଖି
ହେବ ତୁମେ ଉତ୍ତେଜିତ
ଭାବିବ ସୁନ୍ଦରୀ କେହି
ଅଛି ତୁମ ସମ୍ମୁଖେ ତ !
ସେ ନଦୀ-ସୁନ୍ଦରୀ
କହେ ଯେଉଁ ପରି
ବିଭ୍ରମ-ଛଳରେ ପ୍ରଣୟ-କଥା
ଆସ ଅବତରି
ଆହେ ବ୍ୟୋମଚାରୀ
ଶୁଣ ତାର ସେହି ପ୍ରେମ-ବାରତା

ତରଙ୍ଗ ଯେ କେତେ
ଉଠୁ ଅଛି ସତେ
        ଗାଉଛି, ନାଚୁଛି ଆନନ୍ଦ ହୋଇ
କହେ ସେ ଛଳରେ
ବୀଚି-ବିକ୍ଷୋଭରେ
        ଦେଖାଇଣ ତା'ର କେତେ ଯେ ଛଇ !
   ନୃତ୍ୟର ତାଳରେ   ଭାବର ବିଳାସ
        ଅଟେ ପରା ନାରୀ ସମ୍ଭାଷଣ
   ନାନା ଇଙ୍ଗିତରେ   କରିଥାଏ ସେ ତ
        ତା' ହୃଦ-ଭାବର ଉନ୍ମୋଚନ ।
        ଆସ୍ୱାଦନ କର ପ୍ରେମ-ରସ
        ମୁଖେ ତବ ଫୁଟିବ ଯେ ହସ
ଅଭିଳାଷ ପୂର୍ଣ୍ଣ ହୋଇବ ତୁମର ହେ ଜୀମୂତ !
ନାରୀ ପ୍ରେମ-ଭିକ୍ଷା ଶୁଣି ପ୍ରୀତି ଲଭେ ପ୍ରେମିକ ତ ॥

୩୦

ବିରହିଣୀ ବେଣୀ ପରି
          ଶୀର୍ଣ୍ଣ ସିନ୍ଧୁ ବହେ ପରା
ତୀର-ତରୁ-ଶାଖା ତାର
          ଶୁଷ୍କ ପତ୍ରେ ଅଛି ଭରା।
ଜୀର୍ଣ୍ଣ ପତ୍ର ପଡ଼ି ତହିଁ ପାଣ୍ଡୁର ସେ ନଦୀଜଳ
ବିରହ ଦଶାକୁ ତାର ଚେତାଏ ଏହା କେବଳ।
ତୁମର ବିରହ ଚିହ୍ନ
          ପ୍ରକାଶ ସେ କରେ ଭାଇ !
ତଟିନୀର କୃଶ ଦେହ-
          ଦେଖି ଚିନ୍ତା କରିବଇଁ।
ହେ ସୁଭଗ !   ତୁମକୁ ସେ
     କରେ ସୌଭାଗ୍ୟ ପ୍ରଦାନ
ତା' କୃଶତା   ଘୁଞ୍ଚାଇବ
     କରି ତୁମେ ଜଳଦାନ ॥

୩୧

ଅବନ୍ତୀ ଦେଶକୁ ଆସି
ବୁଦ୍ଧଙ୍କ ମୁଖରୁ ସତେ
ଶୁଣିବ ଯେ ତୁମେ ମେଘ !
ଉଦୟନ ବାର୍ତ୍ତା କେତେ ।
ସେ ଦେଶେ ଦେଖିବ ତୁମେ ଉଜ୍ଜୟିନୀ ନଗରୀ ତ
ଏ ଧରଣୀ କୋଳେ ତାହା ଧନଧାନ୍ୟେ ସମୁନ୍ନତ ।
ଉଦୟନ କଥା ଯୋଗୁ ତାହା ତ ଗରିମା ଧାମ
ପ୍ରଖ୍ୟାତ ନଗରୀ ସେ ଯେ ବିଶାଳା ତା ଅନ୍ୟ ନାମ ।
ସୁକର୍ମର ଫଳମାନ
ହୋଇଯିବା ପରେ କ୍ଷୟ
ସ୍ୱର୍ଗବାସୀ ଆସି ତହିଁ
ନିଅନ୍ତି ପରା ଆଶ୍ରୟ ।
ହେବ ଯେ ବହୁତ ଖୁସୀ
ପହଞ୍ଚି ଗଲେ ସେଠାରେ
ଭାବିନି ସ୍ୱର୍ଗରୁ ଖଣ୍ଡେ
ଖସିଛି କି ମର୍ତ୍ତ୍ୟ ପରେ ! ॥

୩୨

ବିକଚ କମଳ ଗନ୍ଧ
ମାଖି ନିଜ ଦେହେ
ଶିପ୍ରା ନଦୀ କୋଳୁ ପ୍ରାତେ
ହିମ-ବାୟୁ ବହେ ।
ଭାସି ଆସେ ପବନରେ
ମଦକଳ ଧ୍ୱନି ସାରସର
ରୋଷେ ଯେହ୍ନେ ରମଣୀର
ଚାଟୁକାର ପ୍ରିୟତମ ସ୍ୱର ।
ନିଧୁବନ ପରେ
ବ୍ୟଜନ ଫଳରେ
ନାୟକ ଯେପରି
କ୍ଳାନ୍ତି ଦୂରକରେ କାମିନୀର
ଶୀତଳତା ଦାନ
କରି ଯେ ପବନ
ହରେ ସେହ ପରି
ରତି-ଖେଦ ନାରୀମାନଙ୍କର ॥

୩୩

ପଥଶ୍ରମେ କ୍ଳାନ୍ତ ହୋଇ
ତୁମେ ଆହେ ଜଳଧର !
ପୁଷ୍ଟ କରିବାକୁ ପରା
ଚାହିଁବ ତ କଳେବର ।
ଲଳନାଏ ଥିବେ ତହିଁ ତାଙ୍କ କେଶ ପ୍ରସାଧନେ
ଦେଉଥିବେ ଧୂପ ଗନ୍ଧ, ଦେଖିବ ତୁମେ ସେ ସ୍ଥାନେ ।
ଆସୁଥିବ ଗବାକ୍ଷରୁ ଭାସି କେଶ-ସୁବାସ ତ
ଗାତ୍ର ତୁମ ପୁଷ୍ଟ ହେବ ତାହା ସ୍ପର୍ଶେ ହେ ଜୀମୂତ !
ତୁମକୁ ଦେଖିଲେ ମୟୂରଙ୍କ ଦଳ
ପ୍ରକାଶିବେ ସ୍ନେହ ନୃତ୍ୟ ଛଳେ
ତାଙ୍କ ଆତ୍ମୀୟତା ଦେଖିକରି ଘନ !
ଆନନ୍ଦିତ ହେବ ସେତେବେଳେ ।
ସୁରଭିତ ମହଲରେ
ଲଳିତା ବନିତାଙ୍କର
ଚରଣ-ଅଳକ୍ତ-ଛବି
ହୋଇବ ଦୃଷ୍ଟିଗୋଚର ।
ଅବନ୍ତୀର ସୁଖଲକ୍ଷ୍ମୀ
ଦେଖିକରି ଆହେ ଘନ !
ପଥଶ୍ରାନ୍ତି ଭୁଲିଯିବ
ସୁଖରେ ହୋଇ ମଗନ ॥

୩୪

ଚଣ୍ଡିପତିଙ୍କର ପରା
        ଦେଖିବ ଯେ ପୁଣ୍ୟଧାମ
ଶମ୍ଭୁଙ୍କର କଣ୍ଠ ପରି
        ଥିବ ତୁମ ରଙ୍ଗ ଶ୍ୟାମ।
ପହଞ୍ଚିଲେ   ତୁମେ ସେହି
        ମହାକାଳ ପରିସର
ତୁମ ରୂପ   ଦେଖି କରି
        ପ୍ରମଥେ ହୋଇବେ ସ୍ଥିର।
ନିକଟରେ ବହେ ନଦୀ, ଗନ୍ଧବତୀ ନାମ ତାର
ପଦ୍ମର ପରାଗ ହରି ସୁବାସିତ ତାହା ନୀର।
ଜଳ-କେଳି-ରତ ଥିବା
        ବାମାଙ୍କ ଅଙ୍ଗେ ଛୁଇଁ ତ
ଅଧିକ ସୁଗନ୍ଧେ ଭରା
        ହେବ ତାହା ହେ ଜୀମୂତ! ॥

୩୫

ସନ୍ଧ୍ୟା ହେବା ଆଗୁ ଯଦି
ମହାକାଳ ମନ୍ଦିରରେ
ପହଞ୍ଚିବ ତୁମେ ଘନ !
ଅପେକ୍ଷା କରିବ ବାରେ ।
ଧୈର୍ଯ୍ୟ ଧରି ରହିଥିବ,
ସୂର୍ଯ୍ୟାସ୍ତ ହେବ ଯେବେଳେ
ଶିବଙ୍କ ଆରତି ତୁମେ
ଦେଖିବ ତ କୌତୁହଳେ ।
ଡମ୍ବରୁ ଯେ ବାଜୁଥିବ ହୋଇ ଅତି ଘନଘୋର
ପ୍ରଶସ୍ତ ପଟହ କାର୍ଯ୍ୟ ସଂପାଦନ ତୁମେ କର ।
ଶୁଣି ତୁମ ମନ୍ଦ୍ରକୁ ତ
ପ୍ରୀତ ହେବେ ତ୍ରିଲୋଚନ
ସାର୍ଥକ ହୋଇବ ମେଘ !
ତୁମର ଗୁରୁ ଗର୍ଜନ ॥

୩୬

ନୃତ୍ୟ ଅବସରେ
ଚରଣ ନ୍ୟାସରେ
ବାରଙ୍ଗନାଙ୍କର
ଶୁଭୁଥିବ ପରା ମେଖଳା ସ୍ୱନ
ରତ୍ନରେ ଖଚିତ
ଚାମର ବେଷ୍ଟିତ
ଦଣ୍ଡ ଧରି ହାତେ
କରୁଥିବେ ସୁଖେ ତହିଁ ବ୍ୟଜନ।
ବହୁବେଳ ଧରି ବ୍ୟଜନ ଫଳେ ତ
ଥକି ଯାଇଥିବ ସେମାନଙ୍କ ହାତ !
ସେତେବେଳେ ତୁମେ କର ବାରିବହ !
ବର୍ଷା-ବିନ୍ଦୁର ସିଞ୍ଚନ
ପ୍ରିୟ ନଖ-କ୍ଷତେ ଶୀତଳତା ଲଭି
ଖୁସୀ ହେବ ତାଙ୍କ ମନ।
ଅନ୍ତରେ ତାଙ୍କର ଜାଗିବ ମମତା, ଦେବେ ତେଣୁ ଉପହାର
ନିକ୍ଷେପ କରିବେ ଭ୍ରମର-ଶ୍ରେଣୀର ଯେତେ କଟାକ୍ଷ-ସମ୍ଭାର ॥

୩୭

ତାଣ୍ଡବ ରଚିବେ ଯେବେ
ଦେବଦେବ ମହାଦେବ
ତୁମର ମଣ୍ଡଳ ସହ
ତୁମେ ତହିଁ ବ୍ୟାପ୍ତ ହେବ ।
ଉର୍ଦ୍ଧ୍ୱେ ଟେକି ବାହୁ ଶତ ଶତ
ଚନ୍ଦ୍ରଚୂଡ଼ ଥିବେ ନୃତ୍ୟେ ରତ ।
ସେତେବେଳେ ଧର ତୁମେ
ରକ୍ତ-ରଙ୍ଗ ଜବା କୁସୁମର
ଶୋଣିତରେ ସିକ୍ତ ଥିବା
ଗଜଚର୍ମ ଭାବିବେ ଶଙ୍କର ।
ଚାହିଁବେ ସେ ପାଇବାକୁ
ପ୍ରିୟ ଆର୍ଦ୍ର ନାଗଜିନ
ସେତେବେଳେ ହେ ନୀରଦ !
ହୁଅ ଶିବ-ବାହୁ-ଲୀନ ।
ରକ୍ତବିନ୍ଦୁ-ବର୍ଷୀ ଭାବି
ନୃତ୍ୟରୁ ସେ ହେବେ କ୍ଷାନ୍ତ
ଗିରି-ନନ୍ଦିନୀଙ୍କ ହୃଦ
ହୋଇଯିବ ତେଣୁ ଶାନ୍ତ ।
ଦେଖି ତୁମ ଶିବ ଭକ୍ତି
ପାର୍ବତୀ ତ ତୁଷ୍ଟ ହେବେ
ମୁଗ୍ଧ ଦୃଷ୍ଟିରେ ତୁମକୁ
ଅପଲକେ ଦେଖୁଥିବେ ॥

୩୮

ଯାଉଥିବେ ନାରୀମାନେ
ପ୍ରିୟଙ୍କ ବାସଭବନେ
ରାଜପଥେ ଅନ୍ଧକାର କୋଳେ
ଅଭିସାରିକା ବେଶରେ
ସତେ କେଡ଼େ ତରତରେ
ଦେଖି ଦେବ କିଏ କାହିଁ କାଳେ।
କଷଟି ପଥରେ ଥିବା କନକ ରେଖାର ପରି
ଦେଖାଅ ବିଦ୍ୟୁତଲତା ଅଳପ ଉଜ୍ଜ୍ୱଳ କରି।
ଦାମିନୀର ବିସ୍ଫୋରଣ
ହେବା ପରେ ଆହେ ଘନ !
ସୂଚୀଭେଦ୍ୟ ଅନ୍ଧକାରେ
ପଥ ହେବ ଦୃଶ୍ୟମାନ।
ବର୍ଷଣ, ଗର୍ଜନ ଜମା କରିବନି ପୟୋଧର !
ଅବଳା ରମଣୀମାନେ ଆତଙ୍କିତା ହେବେ ଘୋର ॥

୩୯

ବହୁବେଳ ଧରିକରି
ଚମକି ବିଜୁଳି ରାଣୀ
ଥକିଯିବ ତା'ର ଦେହ
ତାହା ମୁଁ ପାରୁଛି ଜାଣି ।
ଗୃହ ଚୂଡ଼େ ବଡ଼ଭୀରେ
ସୁଖେ ଯହିଁ ଶୁଏ ପାରା
କଟାଇବ ତହିଁ ରାତି
ସୁପ୍ତି ହେବ ଦୂର ପରା !
ସୂର୍ଯ୍ୟୋଦୟ ହେବା ପରେ
ଗନ୍ତବ୍ୟ ପଥରେ ଯିବ
ବନ୍ଧୁ-କାର୍ଯ୍ୟେଭାର ନେଇ
ଯାତ୍ରାପଥେ ଆଗେଇବ ॥

୪୦

ପ୍ରତ୍ୟୁଷେ ଗୃହକୁ ଫେରି
          ପ୍ରଣୟୀମାନଙ୍କ ଦଳ
ଖଣ୍ଡିତା ରମଣୀଙ୍କର
          ପୋଛିବେ ନୟନ-ଜଳ।
ନଳିନୀ କୁଳର
ଲୋଚନୁ ଏଥର
          ଶିଶିର-ଅଶ୍ରୁ ପୋଛିବା ପାଇଁ
ପ୍ରାଚୀ ଗଗନରେ
ଅତି ତରତରେ
          ଆସୁଥିବେ ଭାନୁ ଦେଖିବ ଭାଇ!
ସୂର୍ଯ୍ୟଙ୍କୁ ତ ବାଟ ଛାଡ଼
          ଦୂରେଇ ଦୂରେଇ ରହ
ଅବରୋଧ କରିଲେ ତ
          ହେବ ତାହା ଦୁର୍ବିସହ।
ତୁମେ ଯଦି   ଅଟକାଅ
ତାଙ୍କ ପଥ ଆହେ ଘନ!
ଲାଗିବନି   ତାଙ୍କୁ ଭଲ
କ୍ଷୁବ୍ଧ ହେବେ ଅଂଶୁମାନ ॥

୪୧

ଚିତସମ ସ୍ୱଚ୍ଛ ଜଳ
ଗମ୍ଭୀରା ନଦୀର ପରା
ସ୍ୱଭାବ ସୁନ୍ଦର
ଛାୟା-କଳେବର
ହେ ଘନ ! ତୁମର
ତାହାର ନିର୍ମଳ ବୁକେ
ସେତେବେଳେ ଦେବ ଧରା ।
ଚଟୁଳ ଶଫରୀ ପୁଣି ଛାଡ଼ିବ ନୟନ-ଶର
ମନେ ହେବ ଗମ୍ଭୀରା ଯେ କଟକ୍ଷ କରେ ତୁମର ।
ପଣ୍ଡ ନୋହୁ ତା କଟାକ୍ଷ
ସାର୍ଥକ କର ତା' ପ୍ରାଣ
ଯାଅ ତୁମେ ହେ ଜଳଦ !
ଜଳର କରି ବର୍ଷଣ ॥

୪୨

ସୁନୀଳ ବର୍ଣ୍ଣର ଜଳରାଶି ତ
ଗମ୍ଭୀରା ତଟରୁ ରହିଛି ଦୂରେ
ବେତସ-ଲତିକା-କରରେ ଯେହ୍ନେ
ଟାଣୁ ଅଛି ତାକୁ ସେ ଧୀରେ ଧୀରେ ।
ହୁଅଇ ପ୍ରତୀତ
ଏବେ ହେ ଜୀମୂତ !
ପୁଳିନ-ନତମ୍ବୁ ପରା ତାହାର
ଖସିଛି ସୁନୀଳ ସଲିଳ-ଶାଢ଼ୀ
ନିଜ ହାତେ ଚାପି ଧରିଛି ସିଏ
କାଳେ ତାହା କେବେ ଯିବ ଯେ ପଡ଼ି !
ସହଜେ ପ୍ରସ୍ଥାନ କରିପାରିବନି
ସେହିଠାରୁ ବନ୍ଧୁ ହେ ବାରିବହ
ଉନ୍ମୁକ୍ତ-ଜଘନା ରମଣୀକୁ ତୁମେ
ଛାଡ଼ି କେଉଁପରି ଯିବ ତ କହ ?
ଜାଣିଅଛି ଯିଏ ସ୍ୱାଦ ଯେ ତାହାର
ପାରିବନି ତାକୁ ତ୍ୟାଗ କରି
ତଥାପି ହେ ଘନ ! ବାହାରି ପଡ଼ିବ
କରିବନି ସେଠି ବେଶି ଡେ଼ରି ॥

୪୩

ତୁମର ପ୍ରଥମ ବର୍ଷା
                   ମାଟି-ଗନ୍ଧ ଆଣିବ ତ
ନିଦାଘର ଜ୍ୱାଳା ପୁଣି
                   ହୋଇଯିବ ଦୂରୀଭୂତ।
ଉଚ୍ଛ୍ୱସିତ ହେଲେ ଧରା
ଯେଉଁ ଗନ୍ଧ ବାହାରିବ,
ବାୟୁ ତା' ସମ୍ପର୍କେ ଆସି
ଧରିବ ସୁନ୍ଦର ଭାବ।
ସେହି ଗନ୍ଧ ଲୋଭେ ହେବେ ହସ୍ତୀଗଣ ବିମୋହିତ
ନାସାଗ୍ର କୁହରେ ପରା କରିବେ ଧ୍ୱନି ବହୁତ।
ଡିମିରି ଫଳ ଯେ କେତେ
                    ଶୀତଳ ବାୟୁ ପରଶେ
ପରିପୂର୍ଣ୍ଣ ହୋଇ ଯିବ
                    ଅତି ସୁମଧୁର ରସେ।
         ଗମ୍ଭୀରାକୁ   ଛାଡ଼ି ଯେବେ
ଦେବଗିରି ଆଡ଼େ ଯିବ
ସୁଶୀତଳ   ବାୟୁ ତହିଁ
ତୁମ ସେବାରତ ହେବ ॥

୪୪

କାର୍ତ୍ତିକେୟ ରହୁଛନ୍ତି
                 ଦେବଗିରିର କୋଳରେ
ପୁଷ୍ପମେଘ ରୂପ ତୁମେ
                 ଧର ଏବେ ହେ ସତ୍ୱରେ।
ଆକାଶଗଙ୍ଗାର ଜଳେ ଅଙ୍ଗ ତୁମ ସିକ୍ତ କର
ପୁଷ୍ପ ଅର୍ଘ୍ୟେ, ସ୍ନାନୋଦକେ ଅର୍ଚ୍ଚନା କର ତାଙ୍କର।
    ଜନ୍ମ ତାଙ୍କ   ହେ ମୁଦିର!
        ବହ୍ନି ବରଦାନରେ ତ
    ସୂର୍ଯ୍ୟଙ୍କଠୁ   ତେଜୀୟାନ,
        ମହେଶ୍ୱର ହସ୍ତେ ଜାତ।
ଅଭିପ୍ରାୟ ନେଇ ମନେ
                 ବାସବ-ସେନା ରକ୍ଷାର
ତାଙ୍କୁ ସୃଷ୍ଟି କରିଥିଲେ
                 ପ୍ରଭୁ ସୁଧାଂଶୁ-ଶେଖର ॥

୪୫

କାର୍ତ୍ତିକେୟ ସେବା ପରେ
ନଚାଅ ତାଙ୍କ ମୟୂର
ସେ ମୟୂରେ ପୁତ୍ର ସମ
ଅଛି ସ୍ନେହ ଉମାଙ୍କର।
ଚନ୍ଦ୍ରକ-ଅଙ୍କା ପାଲକ ଖସି ଯିବ ଆପେ ଯେବେ
ପଦ୍ମ-ଅଳଙ୍କାର ତେଜି ପିନ୍ଧିବେ ସେ କର୍ଣ୍ଣେ ତେବେ।
ଉମାଙ୍କୁ ସ୍ନେହ ଦୃଷ୍ଟିରେ
ଦେଖିବେ ତ ମହେଶ୍ୱର,
ତାଙ୍କ ଶିରସ୍ଥିତ ଚନ୍ଦ୍ରୁ
ଝରିବ ଆଲୋକ ଧାରା।
ଉଜ୍ଜ୍ୱଳ ହୋଇବ ତେଣୁ
ମୟୂରର ଚକ୍ଷୁ ଦୁଇ
ତୁମେ ନେଇ ରୁଦ୍ର ରୂପ
ଗର୍ଜନ କରିବ ଭାଇ !
ଉଠିବ ତା' ପ୍ରତିଧ୍ୱନି
ପର୍ବତ ଗୁହାର କୋଳେ,
ମୟୂର ଉଠିବ ନାଚି
ସେ ଧ୍ୱନିର ତାଳେ ତାଳେ ॥

୪୬

ଶରଜନ୍ମା କୁମାରଙ୍କ
ପୂଜାପାଠ ଶେଷ କରି
ଆଗକୁ ବଢ଼ିବ ତୁମେ
ଲଂଘିବ ତ ସେହି ଗିରି ।
ସିଦ୍ଧ ଦମ୍ପତ୍ତି ସକଳେ
ଛାଡ଼ିଦେବେ ତୁମ ବାଟ
କାଳେ ଜଳ-କଣା ସ୍ପର୍ଶେ
ବୀଣା-ତନ୍ତ୍ରୀ ହେବ ନଷ୍ଟ ।
ସେଠାରେ ଦେଖିବ ମୂର୍ତ୍ତିମତୀ କୀର୍ତ୍ତୀ
ଯେବେ ଯିବ
କରିଥିଲେ ଯହିଁ ଗୋମେଧ-ଯଜ୍ଞ ତ
ରନ୍ତିଦେବ ।
ସଂହାର ଫଳରେ
ଶୋଣିତ ଧାରାରେ
ସୃଷ୍ଟି ହେଲା ଯେଉଁ ସ୍ରୋତ ତହିଁ
ଧରଣୀ ବୁକୁରେ
ଏବେ ବହେ ଧୀରେ
ଚର୍ମଣ୍ୱତୀ ନଦୀ ନାମ ବହି ।
ନଭ ମାର୍ଗୁ ପରା ଅବତରି ଆସ
ତୁମେ ଘନ !
ନିଷ୍କପଟ ମନେ କର ହେ ତାହାର
ସନମାନ ॥

୪୭

ଶ୍ୟାମଙ୍କ ଦେହରୁ ପରା
ରଙ୍ଗକୁ ଚୋରାଇ ନେଇ
ଭୂତଳକୁ ତୁମେ ଯେବେ
ଅବତରିବ ହେ ଭାଇ !
ପାନ ଉଦ୍ଦେଶ୍ୟରେ
ସେହି ନଦୀ ତୀରେ,
ସିଦ୍ଧଗଣ ଦେଖିବେ ତ
ନିମ୍ନକୁ କରି ଚାହାଣୀ
ମୁକ୍ତାମାଳା ମଧ୍ୟେ ତୁମେ
ଯଥା ଇନ୍ଦ୍ରନୀଳ ମଣି !
ସୁବିଶାଳ ହେଲେ ମଧ୍ୟ
ଚର୍ମଣ୍ୱତୀ ନଦୀ ପରା
ଉର୍ଦ୍ଧ୍ୱରୁ ତ ଦିଶୁ ଥିବ
କ୍ଷୀଣ ଏକ ଜଳଧାରା ॥

୪୮

ଅତିକ୍ରମ କରି ସେହି ତରଙ୍ଗିଣୀ
ଯିବ ଯେବେ ତୁମେ ହେ ଜଳଧର !
ଦଶପୁର ଧାମ ସେତେବେଳେ ପରା
ଦୃଷ୍ଟି ପଥାରୂଢ଼ ହେବ ତୁମର ।
ତୁମେ ଯେବେ ବାରିବହ ! ରହିଥିବ ଉତ୍ତର ଗଗନେ
ସୀମନ୍ତିନୀଗଣ ଯେତେ ଦେଖିବେ ତ ସତୃଷ୍ଣ ନୟନେ ।
ସେମାନେ ଯେ ଚାହୁଁଥିବେ
ତୁମକୁ ତ ବାରମ୍ବାର
ଭ୍ରୂଲତା ବିନ୍ୟାସ ତାଙ୍କ
ପରିଚିତ ସଭିଙ୍କର ।
ତାଙ୍କ ଚକ୍ଷୁ ଦୀପ୍ତିରେ ତ
ଶ୍ୱେତ, ଶ୍ୟାମ ବର୍ଣ୍ଣ ଭରା
କୁନ୍ଦ ପୁଷ୍ପ ପାଶେ ଯଥା
ଭ୍ରମରଙ୍କ ଦଳ ପରା ! ॥

୪୯

ଛାୟାରେ ଆବରି ତୁମେ ବ୍ରହ୍ମାବର୍ତ୍ତ ଦେଶକୁ ତ
କାୟାକୁ ବିସ୍ତାରି ଯାଅ, ହେବ ତୁମ ଦୃଷ୍ଟିଗତ-
କୁରୁକ୍ଷେତ୍ର ଯେଉଁଠାରେ
ଯୁଦ୍ଧ ହେଲା ଘନଘୋର
କ୍ଷତ୍ରିୟର ରଣଚିହ୍ନ
ଆଜି ବି ଅଛି ଭାସ୍ୱର ।
ମଧ୍ୟମ ପାଣ୍ଡବ
ଧରିଣ ଗାଣ୍ଡୀବ
ନିକ୍ଷେପିଲେ ଶର ଅଶେଷ
ତୁମେ ପଦ୍ମବନ
କଲା ପରି ଛିନ୍ନ
ଶତ୍ରୁ ଗଣେ କଲେ ବିନାଶ ॥

୫୦

ବନ୍ଧୁ-ପ୍ରୀତିକାମୀ ଦେବ ବଳରାମ
ଯୁଦ୍ଧରେ ବିମୁଖ ହୋଇ
ସରସ୍ୱତୀ କୂଳେ ରହିଥିଲେ ପରା
ତପ ଆଚରିବା ପାଇଁ ।
ରେବତୀ-ଲୋଚନ-ବିଭାସିତ-ସୁରା
ପ୍ରିୟ ତାଙ୍କର
ହଳଧର ତାକୁ ପରିହାର କଲେ
ହୋଇ କଠୋର ।
ପେଟ ଭରି ସିଏ ପାନ କଲେ ଜଳ ସରସ୍ୱତୀର
ତୁମେ ଯିବା ପଥେ ସେବନ କର ତା ପାବନ ନୀର ।
ସେହି ପୂତ ବାରି ତୁମେ ହେ ଜୀମୂତ !
କରିବ ଯେବେ ସେବନ
କୃଷ୍ଣ ବର୍ଣ୍ଣ ପଛେ ହେଉ ତୁମ ଦେହ
ସ୍ୱଚ୍ଛ ତ ହୋଇବ ମନ ॥

୫୧

ସରସ୍ୱତୀ ନଦୀ ଅତିକ୍ରମ କରି
ଆସ ତୁମେ ଘନ ! କନଖଲେ
ଶୈଳତ୍ୟାଗ କରି ଯେଉଁ ସ୍ଥାନେ ଏବେ
ଗଙ୍ଗା ପ୍ରବାହିତା କୌତୁହଳେ ।
ଦେଖି ମନେ ହୁଏ ମର୍ତ୍ତ୍ୟ ଲମ୍ବିଅଛି
ସ୍ୱର୍ଗର ଆଡ଼କୁ ସିଢ଼ି ପରି
ସଗର ରାଜାଙ୍କ ପୁତ୍ରଗଣ ପରା
ସେହି ବାଟେ ଗଲେ ସ୍ୱର୍ଗପୁରୀ ।
ବାଳଚନ୍ଦ୍ର ସାଥେ ଶିବଙ୍କ ଜଟା ତ
ଊର୍ମି-ରୂପୀ କରେ ଶକ୍ତିର ସହିତ
ଜାହ୍ନବୀ ଯେ ରଖିଛନ୍ତି ଟାଣି
ଉମାଙ୍କ ଭ୍ରୂକୁଟି ଅଣଦେଖା କରି
ଶ୍ୱେତ-ଫେନ ଛଳେ ହସୁଥାନ୍ତି ଭାରି
ଶୈଳସୁତା ମନେ ଈର୍ଷା ଆଣି ॥

୪୨

ଦିଗ୍‌ଗଜ ଭଳି ତୁମେ
ନଭେ ଲମ୍ବମାନ ହେଲେ
ପ୍ରତିବିମ୍ବ ତୁମର ତ
ପଡ଼ିବ ସେ ନଦୀଜଳେ ।
ସ୍ଫଟିକ ସମାନ ତାର ଜଳ ଅଟେ
ସୁନିର୍ମଳ
ତୀର୍ଯ୍ୟକେ ତ ଝୁଲି ରହି ପିଇବ ହେ
ଗଙ୍ଗାଜଳ ।
ଅସ୍ଥାନରେ ଯହିଁ
ଗଙ୍ଗା-ଯମୁନାର
ମିଳନ ହୋଇଛି
ଶୁଣ ହେ ସଖା !
ତୁମ କୃଷ୍ଣ-ଦେହ
ପ୍ରତିବିମ୍ବ ତହିଁ
ଅତି ମନୋହର
ଦେବ ଯେ ଦେଖା ॥

୫୩

ଜାହ୍ନବୀ-ସମ୍ଭବ-ସ୍ଥଳ
ତୁଷାର-ଶୁଭ୍ର ଶିଳାରେ
କସ୍ତୁରୀ-ମୃଗ ସକଳ
ବସିଥିବେ ଆନନ୍ଦରେ।
ତାଙ୍କ ନାଭି ବାସ୍ନାରେ ତ
ମହକୁ ଥିବ ସେ ସ୍ଥାନ,
ଯାଅ ସେ ହିମ-ଧବଳ
ଗିରି ଚୋଟି ପରେ ଘନ !
ବିଶ୍ରାନ୍ତି ମୋଚନ ଲାଗି ବସିବ ସେଠାରେ ଯାଇ
ଦେଖିବ ଯେ ତୁମେ ତହିଁ ଆଶ୍ଚର୍ଯ୍ୟ ଚକିତ ହୋଇ।
ସତେ କି ଶିବ-ବାହନ
ଧବଳ ବୃଷଭ ଯେ କି
ଶିଂଘେ ତାଡ଼ି ଥିବା ମାଟି
ରହିଛି ତ ଶିଂଘେ ଲାଖି-
ସେପରି ତ ହେବ ପ୍ରତେ,
ତୁମେ ଯହିଁ ଅବସ୍ଥିତ
ଅପୂର୍ବ ସେ ଦୃଶ୍ୟ ପରା
ତାହା ତ ବର୍ଣ୍ଣନାତୀତ ॥

୫୪

ଦେବଦାରୁ ବନେ ପରା ଘନ ଘର୍ଷଣର ଫଳେ
ଦାବାଗ୍ନିର ରୂପ ନେଇ ଜଳିବ ବହ୍ନି ପ୍ରବଳେ ।
 ଗିରିବନ ହେବ ବିଷମ ତାପିତ
 ଚମରୀ ଲାଞ୍ଜରେ ଲାଗିବ ନିଆଁ
 ସେହି ହୁତାଶନେ କାନନ ପ୍ରଦେଶ
 ହେବ ଅସ୍ତବ୍ୟସ୍ତ, ହେବ ଛାନିଆ ।

 ସେତେବେଳେ ପରା ଢାଳି ଜଳଧାରା
 ଲିଭାଇବ ନିଆଁ ତୁମେ ଜୀମୂତ !
 ପ୍ରଶମିତ ହେବ ତେଣୁ ବନଜ୍ୱାଳା
 ମହନୀୟ କାମ ହେବ ଏହା ତ ।

ଦୁଃଖୀ ପ୍ରାଣୀମାନଙ୍କର ଦୁଃଖକୁ
 କରିବ ଦୂର
ଶ୍ରେଷ୍ଠ ପୁରୁଷଙ୍କ ଲାଗି ତାହା ହିଁ
 ଯେ ଗୁଣସାର ॥

୫୫

ତୁମକୁ ତ ଦେଖି କରି
ଛୁଟିବେ ଶରଭ ଦଳ
ତାଙ୍କୁ ବାଟ ଛାଡ଼ି ଦିଅ
ଯିବେ ଯେ ହୋଇ ଚଞ୍ଚଳ ।
ରୋଷଭରେ ସେମାନେ ଯେ
ଲଂଘିବାକୁ ଚାହିଁବେ ତ
ଅଙ୍ଗଭଙ୍ଗ ହେବାକଥା
ମନୁ ହୋଇବ ବିସ୍ମୃତ ।
ଅସାଧ୍ୟ ସାଧିବା ବୃଥା
ଯଥା ନିର୍ବୋଧତା ପଣେ,
କର ହେ କରକା ବୃଷ୍ଟି
ଉଦ୍ଧର ଶରଭ ଗଣେ ।
ନିଷ୍ଫଳ କାମରେ
ବଳାଏ ମନରେ
ସର୍ବଦା ତ ଯେଉ ଜନ
ତାହାକୁ ଜଗତେ
ପରାଭବ ସତେ
ମିଳିଥାଏ ପ୍ରତିକ୍ଷଣ ॥

୫୬

ଚନ୍ଦ୍ରଚୂଡ଼ଙ୍କର ପରା ଶିଳା ପରେ
ପଦଚିହ୍ନ
ଆସନ୍ତି ପୂଜିବା ପାଇଁ ସେହି ସ୍ଥାନେ
ସିଦ୍ଧଗଣ।
ଭକ୍ତି-ପୂତ ମନେ
ଶମ୍ଭୁଙ୍କ ଚରଣେ
କରନ୍ତି ପୂଜନ ପୁଷ୍ପହାରେ ତ
ଶ୍ରଦ୍ଧା ସହକାରେ
ତୁମେ ସେହିଠାରେ
କର ଆରାଧନା ଆହେ ଜୀମୂତ !
ଘୁଞ୍ଚେ ମାନବର
କଳୁଷ ନିକର
କଲେ ପ୍ରଦକ୍ଷିଣ ପବିତ୍ର ମନେ
ମୃତ ହେବାପରେ
ନିଶ୍ଚିତ ଭାବରେ
ମିଳିଥାଏ ସ୍ଥାନ-ଶିବ-ଚରଣେ ॥

୫୭

କୀଚକ ବଂଶର ରନ୍ଧ୍ରେ
ବ୍ୟାକୁଳ ପବନ ପଶି
ଅତୀବ ମଧୁର ସ୍ୱରେ
ବଜାଉଥିବ ଯେ ବଂଶୀ।
ସଙ୍ଗେ ମିଳି ମିଶି କରି କିନ୍ନର କିନ୍ନରୀମାନେ
ତ୍ରିପୁର-ବିଜୟ ଗୀତ ଗାଉ ଥିବେ ଭକ୍ତିମନେ।
ସୁଡ଼ଙ୍ଗ ଭିତର ଭେଦି
ଘଡ଼ଘଡ଼ି ତୁମର ତ,
ମୃଦଙ୍ଗର ତାନ ପରା
କରିବ ଯେ ମୁଖରିତ।
ମହାପ୍ରଭୁ ଶିବଙ୍କର
ପୂର୍ଣ୍ଣ ହେବ ପୂଜାପାଠ
ସେଠୁ ତୁମେ ଚାଲିଯିବ
କରିବନି ଆଉ ମଠ ॥

୫୮

ହିମାଳୟ ପାଦଦେଶେ
ସେ ସବୁ ବିଶେଷ ସ୍ଥାନ
ଅତିକ୍ରମ କରି ତୁମେ
ଆଗକୁ ଆସିଲେ ଘନ !
ଗୋଟିଏ ସୁଡ଼ଙ୍ଗ ସହ ସାକ୍ଷାତ ହେବ ତୁମର
ପ୍ରଖ୍ୟାତ ଅଟେ ସେ ଅତି–ନାମ ତାର ହଂସଦ୍ୱାର ।
ପର୍ଶୁରାମ ପ୍ରଭୁଙ୍କର
ବାଣାଘାତେ ସୃଷ୍ଟି ସେ ତ
ଆଗକୁ ଯିବାର ଲାଗି
ହୋଇଲେ ତୁମେ ପ୍ରସ୍ତୁତ,
ସେ ବାଟରେ ସିଧା ଭାବେ
ଯାଇ ପାରିବନି ଭାଇ !
ଦେହକୁ ବିସ୍ତାର କରି
ଯାଅ ଟିକେ ବଙ୍କାହୋଇ ।
ଉତ୍ତର ଦିଗକୁ ତୁମେ
ହେବ ଯେବେ ଅଗ୍ରସର,
ସେବେଳର ଦୃଶ୍ୟ ପରା
ହେବ ଅତି ମନୋହର !
ବାମନ ରୂପରେ ବିଷ୍ଣୁ
ବଳିକୁ ମାରିବା ପାଇଁ
ଶ୍ୟାମ ବର୍ଣ୍ଣ ପଦ ତାଙ୍କ
ଉର୍ଦ୍ଧ୍ୱକୁ ଛନ୍ତି ଉଠାଇ,

ସେପରି ଦିଶିବ ତୁମେ ସେତେବେଳେ
ହେ ଜୀମୂତ !
ଦେଖିବ ତୁମକୁ ଯିଏ, ହେବ ସିଏ
ଆଚମ୍ଭିତ ॥

୫୯

ଏବେ ଯାଇ ଉର୍ଦ୍ଧ୍ୱପଥେ ଶେଷେ
ପହଞ୍ଚିବ କୈଳାସର ପାଶେ ।
କୈଳାସ ପର୍ବତଠାରୁ
ଆତିଥ୍ୟ ଗ୍ରହଣ କର
କୁମୁଦ-ପୁଷ୍ପ-ସମାନ
ଶ୍ୱେତ-ହିମ ଚୋଟି ତାର ।
ରାବଣ ପ୍ରତାପେ ପରା ଶ୍ଳଥ ହୋଇଥିଲା ତାହା
ସୁରବାଳାଗଣଙ୍କର ଦର୍ପଣ ସଦୃଶ ଯାହା ।
ଶିବଙ୍କର ଅଟ୍ଟହାସ
ବରଫ ରୂପେ ଜମିଛି,
ଥାକ ଥାକ ବରଫରେ
ପାହାଡ଼ ସେ ପାଲଟିଛି ॥

୬୦

କୈଳାସର ନିକଟରେ
ପହଞ୍ଚିବ ଯେବେ ଘନ !
ସଦ୍ୟକଟା ହୋଇଥିବା
ହାତୀଦାନ୍ତର ସମାନ;
ଧବଳ ପର୍ବତାମାଳା
ତୁମ ଦୃଷ୍ଟାରୂଢ଼ ହେବ
ପଟାନ୍ତର ନାହିଁ ତାର
ତୁମେ ନିଶ୍ଚେ ବୁଝିଯିବ ।
ଉଜ୍ଜ୍ୱଳ କଜଳ ପରି ରଙ୍ଗ ତୁମ ମନୋହର
ଶ୍ୱେତ ପର୍ବତର କୋଳେ ଦିଶେ ମନୋମୁଗ୍ଧକର ।
ସର୍ବେ ରହିଥିବେ ଚାହିଁ
ତୃପ୍ତ ନୟନରେ ପ୍ରିୟ !
ବଳଦେବ ଦେହେ ଯଥା
ତୁମେ ଶ୍ୟାମ ଉତ୍ତରୀୟ ॥

୬୧

ପାଶେ ସର୍ପ ଦେଖିକରି
ଉମା କାଳେ ଡରିଯିବେ
ତାଙ୍କ ଫଣୀବଳୟକୁ
ଶିବ କାଢ଼ି ଦେଇଥିବେ ।
ସତୀଙ୍କ ହାତକୁ ଧରି କରିବେ ତ ବିଚରଣ
ଚାହିଁବେ ଯେ କରିବାକୁ ମଣିତଟ ଆରୋହଣ ।
ସେତେବେଳେ ତୁମେ ପରା
ଦୃଢ଼ ମନେ ହେ ଜୀମୂତ !
ଅନ୍ତରସ୍ଥ ପ୍ରବାହକୁ
କରିବ ଯେ ଘନୀଭୂତ ।
ସୋପାନ ରଚନା ଲାଗି
ଶରୀରକୁ ପାତି ଦେବ
ଶୈଳସୁତାଙ୍କର ପରା
ପଦରଜ ପ୍ରାପ୍ତ ହେବ ॥

୬୨

ଏକୁଟିଆ ଦେଖି କରି
ଖରାବେଳେ ତୁମକୁ ତ
ସୁରବାଳାଗଣ କେବେ
ଛାଡ଼ିବେନି ହେ ଜୀମୂତ !
ଯନ୍ତ୍ର-ଧାରା-ଭବନ ତ ତୁମକୁ ଭାବିବେ ସତେ
ନିଦାଘ ଦହନୁ ମୁକ୍ତି ଚିନ୍ତା କରି ମନୋଗତେ,
ତୁମେ ଦେହେ କରିବେ ଯେ
କଙ୍କଣ ପ୍ରହାର ପରା
ପ୍ରତିରୋଧ କରିବନି
ସହିବ ଆଘାତ ସାରା ।
ତଥାପି ଟିକିଏ ତୁମେ
ଘଡ଼ଘଡ଼ି ଶବ୍ଦ କର
ଶ୍ରୁତିକଟୁ ନାଦ ଶୁଣି
ତ୍ରସ୍ତେ ହେବେ ଥରହର ॥

୬୩

ମାନସରୋବରେ ଅଛି ସୁନାର କମଳ ଫୁଟି
ପିଅ ସେ ହ୍ରଦର ଜଳ, ସୁବାସ ତା ନିଅ ଲୁଟି ।
ଝୀନବସ୍ତ୍ର ଓଢ଼ଣୀରେ
ଢ଼ାଙ୍କ ଐରାବତ ମୁଖ
ତାହା ମନ ଖୁସୀ କର
ତୁମେ ବି ଆନନ୍ଦ ଚାଖ ।
ପବନ ଚଳାଇ କରି
ସେ ବସ୍ତ୍ରକୁ ଦୋହଲାଅ
କୈଳାସ ପର୍ବତ କୋଳେ
ମୁଗ୍ଧମନେ ବୁଲୁ ଥାଅ ॥

୬୪

କୈଳାସ କୋଳେ ରହିଛି
ଅଳକାନଗରୀ ଯହିଁ
ତୁମେ କାମଚାରୀ ମେଘ !
ପହଞ୍ଚିବ ଯାଇ ତହିଁ।
ଅଳକାକୁ ଦେଖି ତୁମେ
ଚିହ୍ନି ପାରିବନି ନୁହେଁ
ତାର ପାଶ ଦେଇ କରି
ଗଙ୍ଗାନଦୀ ପରା ବହେ।
ଦେଖି ତାକୁ ମନେ ହେବ ନାୟିକା ଯେ କେହି ଜଣେ
ଶୋଇ ଅଛି ପ୍ରିୟ କୋଳେ ଅତି ସୁଖେ ସମର୍ପଣେ।
ଗଙ୍ଗାରୂପୀ ଶାଢ଼ୀ ତାର
ଦେହୁ ଟିକେ ଖସି ଅଛି
ପ୍ରେମୀ କୈଳାସର ପାଶେ
ଲଜ୍ଜା ତାର ନାହିଁ କିଛି।
ସମୁନ୍ନତ ସପ୍ତତଳ
ଗୃହ ପରମ୍ପରାରେ ତ
ପରିବୃତ ହୋଇକରି
ଅଳକା ଯେ ଉପସ୍ଥିତ।
ଐଶ୍ୱର୍ଯ୍ୟରେ ଭରପୂର
ସେ ନଗରୀ ଅନୁପମ
କାମିନୀର ମୁକ୍ତା-ଜାଲ-
ଖଚିତ ଅଳକ ସମ ॥

ଉତ୍ତର ମେଘ

'ଉତ୍ତରମେଘ' ଭାଗରେ ମହାକବି କାଳିଦାସ କୁବେରପୁରୀ
'ଅଳକାର' ଅପରୂପ ସୌନ୍ଦର୍ଯ୍ୟ ବର୍ଣ୍ଣନା କରିଛନ୍ତି ।
ଆଉ, ଅତି ପ୍ରାଞ୍ଜଳ ଭାବରେ ବର୍ଣ୍ଣନା କରିଛନ୍ତି
ଯକ୍ଷର ଏବଂ ଯକ୍ଷପତ୍ନୀର ବିରହ-ବେଦନା କଥା ।

୧

ଅଟ୍ଟାଳିକା ମୟ ଅଟଇ ତ ସଖା
ସେହି ଯେ ଅଳକାପୁରୀ
ତୁମ ଦୁହିଁଙ୍କଠି ବହୁତ ରୂପରେ
ସମାନତା ଅଛି ଭରି ।
ରମ୍ୟା ନାରୀମାନେ ସେହି ସ୍ଥାନରେ ତ
କରୁଛନ୍ତି ସଦା ଖେଳା
ତୁମ ଅପଘନେ ଚମକଇ ଯଥା
ସେହି ଯେ ବିଦ୍ୟୁତବାଳା ।
ଅଳକାର ଗୃହେ ଗୃହେ
ଚିତ୍ରାବଳୀ ଶୋଭା ପାଏ,
ଇନ୍ଦ୍ରଧନୁ ଯେମିତି ତୁମର
ହର୍ମ୍ମ୍ୟ ସବୁ ସୁଶୋଭନ
ବୃହତ୍ତର ଆୟତନ,
ତୁମ ପରି ଛୁଇଁଛି ଅମ୍ବର ।
ମୃଦଙ୍ଗ ବାଜେ ସେ ସ୍ଥାନେ
ତାଳେ ତାଳେ ପରା ସଂଗୀତର
ଯେଉଁପରି ଆହେ ଘନ !
ମୃଦୁ ମନ୍ଦ୍ର ଗର୍ଜନ ତୁମର ।
ମଣି ବିରଚିତ ତା'ର କୁଟ୍ଟିମ ତ ଉଠେ ସଦା ଝଳି
ତୁମ ଶରୀରରେ ଥିବା ସେହି ସ୍ୱଚ୍ଛ ଜଳରାଶି ଭଳି ।
ଉଚ୍ଚ ଉଚ୍ଚ ମହଲ ଯେ
ସେହି ସ୍ଥାନେ ରହିଛି ବହୁତ
ଆକାଶରେ ଅତି ଉଚ୍ଚେ
ଉଡ଼ ପରା ତୁମେ ହେ ଜୀମୂତ !

୨

କୌଣସି ଗୋଟିଏ ଋତୁ ତ ସେଠାରେ
କରଇ ନାହିଁ ଶାସନ
ଋତୁ ମାନଙ୍କର ସମାହାରେ ସତେ
ହସେ ସଦା ସେହି ସ୍ଥାନ।
ଗୋଟିଏ ଋତୁରେ ଫୁଟେ ଛଅ ଋତୁ
ଫୁଲ ସାରା
ଫୁଲ-ଶୃଙ୍ଗାରରେ ଅଳକା ବଧୂଏ
ଥାନ୍ତି ପରା !
ପଙ୍କଜ କର-କମଳେ
ଶିରୀଷ କର୍ଣ୍ଣ-ଯୁଗଳେ
କୁରୁବକ ବିରାଜେ ଖୋସାରେ
ଲୋଧ୍ର କୁସୁମର ରେଣୁ
ଲେପିତ ଆନନେ ଯେଣୁ
ମୁଖ ଦିଶେ ଉଜ୍ଜ୍ୱଳ ସତରେ।
କପୋଳ ଚୁମ୍ବନ ଲୋଭେ
ଅଳକର କୁନ୍ଦ ଶୋଭେ
ଫୁଟେ ଯାହା ତୁମ ଆଗମନେ
ଫୁଲର ଶୃଙ୍ଗାରେ ନିତି
ସାଜି ହୋଇ ରହି ଥାନ୍ତି
ବଧୂଏ ତ ଆନନ୍ଦିତ ମନେ ॥

୩

ଅଳକାରେ ପରା ପାଦପନିଚୟ
        ରହିଥାଏ ନିତି କୁସୁମେ ଭରି
ଭ୍ରମର ଗୁଞ୍ଜନ ମୁଖରିତ କରେ
        ଅନବରତ ସେ ଅଳକାପୁରୀ।
ସରୋବର କୋଳେ
କମଳିନୀ ଖେଳେ
        ମେଖଳା ରଚନ୍ତି ମରାଳଦଳେ
ଗୃହଶିଖୀ ମାନେ
ଗାଇ କେକା ସ୍ୱନେ
        ପ୍ରସାରି କଳାପ ନାଚନ୍ତି ତାଳେ।
ସନ୍ଧ୍ୟାକାଳେ ନିତି   ଥାଏ ଯେ ଜୋଛନା
ଅନ୍ଧକାର ନ ଥାଏ ତ ସେଠାରେ
ତମସା ବିହୁନେ   ବାତାବରଣ ତ
ମଧୁମୟ ହୋଇଥାଏ ସତରେ॥

୪

ଆନନ୍ଦାଶ୍ରୁ ଧାରା
ଝରୁଥାଏ ପରା
    ଯକ୍ଷଙ୍କର ନେତ୍ର କୋଣୁ
ଦୁଃଖଶୋକ ନାହିଁ
ହର୍ଷ ଥାଏ ରହି
    ଅଳକାପୁରୀରେ ତେଣୁ।
କୁସୁମ-ଶରର   ଆଘାତ ଫଳରେ
ଆନନ୍ଦ ବା ତାପ ମିଳେ
ବିରହ କେବଳ   ଘଟିଥାଏ ତହିଁ
ପ୍ରଣୟ-କଳହ ଫଳେ।
ଜରା ନ ଥିବାରୁ କେବେ ସେଠାରେ
    ପୀଡ଼ା ତା'ର ଜାଣନ୍ତିନି ସେମାନେ
ଯଉବନ ସଦା ଅକ୍ଷୟ ତହିଁ
    ତା' ଭିନ୍ନ ନ ଥାଏ କିଛି ଜୀବନେ ॥

୫

ତହିଁ ରହି ଅଛି ଉଚ୍ଚେ ଶିର ଟେକି
    ବହୁତ ସୁରମ୍ୟ ମହଲ ସତେ
ଦେହରେ ତାହାର   ଖଚିତ ହୋଇଛି
    ସ୍ଫଟିକର ମଣି କେତେ ନା କେତେ !
ଚିକି ଚିକି କରେ
    ଛବି ତାରାଙ୍କର
ଫୁଲ ବଗିଚାର
    ପରି ତ ସୁନ୍ଦର ।
ନାନା ଧରଣର
    ମଞ୍ଜୁଳ କୁସୁମ
ଅଙ୍ଗନରେ ଫୁଟି
    ଦିଶେ ମନୋରମ ।
ମୃଦଙ୍ଗ ବାଜଇ ତହିଁ ଧୀରେ ଧୀରେ
    ତୁମର ଗର୍ଜନ ଆମୋଦିତ କରେ ।
ଶୁଣିଲେ ତ ତାକୁ ଲାଗଇ ଯେପରି
    ଆଶିଷର ଧାରା ଅଟେ ଯେ ତୁମରି !
ସଙ୍ଗେ ଧରି କରି
    ସୁନ୍ଦରୀ ତରୁଣୀ
କଚ୍ଚତରୁ ଦେହୁ
    ପ୍ରସୂତ ବାରୁଣୀ–
ସେବନ କରନ୍ତି
    ଯକ୍ଷ ଯୁବାଗଣ

ପ୍ରିୟାଙ୍କୁ ଚଖାନ୍ତି
ଉନ୍ମାଦ ହୋଇଣ ।
ରତିରସ ବୃଦ୍ଧି
କରେ ସେ ଆସବ
ଯୁବାଙ୍କର ମନ
ତେଣୁ ଖୁସୀ ଥିବ ॥

୬

ମନ୍ଦାକିନୀ ନଦୀ ତୀରେ
            ଯକ୍ଷନାରୀଗଣ ଯେତେ
ଧରିଥାନ୍ତି ସୁନା-ବାଲି
            ମୁଠା ମୁଠା ନିଜ ହାତେ।
ମଣି ଲୁଚାଇ ରଖନ୍ତି
            ସେହି ବାଲୁକା ଭିତରେ
ଜଣେ ତାକୁ ଫିଙ୍ଗି ଦିଏ
            ଅନ୍ୟ ଜଣେ ଖୋଜି ଫେରେ।
ବହେ ମନ୍ଦ ସମୀରଣ
            ମନ୍ଦାକିନୀ ଦେହ ଛୁଇଁ
ତା ପରଶେ ଯୁବତୀଏ
            ରହିଥାନ୍ତି ଖୁସୀ ହୋଇ
ତଟଭୂମି ପାଶେ ଥିବା
            ମନ୍ଦାର ତରୁ ଛାଇରେ
ହରନ୍ତି ଆତପ-ତାପ
            ବାଳାଏ ତ ଆନନ୍ଦରେ ॥

୬

ପ୍ରେମିକ ସକଳେ ତହିଁ
ଆତୁର, ଆବେଗ ହୋଇ
ପ୍ରିୟା ନୀବି-ବନ୍ଧନକୁ
ଖୋଲୁଥାନ୍ତି ଧୀରେ
ବିମ୍ବାଧାରୀଗଣ ଯେତେ
ବୁଡ଼ନ୍ତି ଲାଜରେ ସତେ
ରତ୍ନ-ମଣି-ମୟୀ ଦୀପ
ଜଳଇ ସେଠାରେ ।
ଫିଙ୍ଗନ୍ତି ତ ଚୂର୍ଣ୍ଣ କିଛି
ଲିଭାଇବାକୁ ସେ ବତୀ
କିନ୍ତୁ ତାହା ଲିଭେ ନାହିଁ
ହୁଏ ଯେ ପ୍ରଖର ଅତି ।
ପଣ୍ଡ ହୋଇ ଯାଏ ସବୁ ଶ୍ରମ ପରା
ବୃଥା ବି ହୁଅଇ ଚେଷ୍ଟା ତାଙ୍କର
ଲଜ୍ଜାର ଆବେଶେ ଢ଼ାଙ୍କନ୍ତି ଆନନ
ବିମୂଢ଼ା ବାଳାଏ ହୋଇ କାତର ॥

୮

ଅଳକାରେ ଥିବା ଉଚ୍ଚ ଉଚ୍ଚ କେତେ
ପ୍ରାସାଦ ସମୂହେ ପରା
ଭିତ୍ତିରେ ସଜ୍ଜିତ ହୋଇ ରହିଥିବ
ସୁନ୍ଦର ଚିତ୍ର ଯେ ସାରା ।
ବତାସ ବେଗରେ ପ୍ରବେଶ କରିଲେ
ଆହେ ଜୀମୂତ !
ତୁମ ଜଳକଣା ସ୍ପର୍ଶେ ଚିତ୍ର ସବୁ
ନଷ୍ଟ ହେବ ତ ।
ଚିତ୍ରାବଳୀ ଅଙ୍ଗେ ମାଖି କରି ତୁମେ
କଳଙ୍କ ରେଖା
ମଣିବ ନିଜକୁ ଅପରାଧୀ ବୋଲି
ସେବେଳେ ସଖା !
ତେଣୁ ଶଙ୍କାଯୁକ୍ତ ହୋଇ
ବାଷ୍ପରୂପ ନେଇ କରି,
ବାତାୟନ ପଥ ଦେଇ
ଚାଲିଯିବ ଡରି ଡରି ॥

୯

ରତି-ମନ୍ଦିରରେ
କେତେ ଯେ ପ୍ରକାରେ
ମଣିର ଝାଲର ଲାଗିଥିବ
ତା'ଦେହରେ ପୁଣି
ଚନ୍ଦ୍ରକାନ୍ତ ମଣି
ଖଞ୍ଜା ହୋଇକରି ରହିଥିବ ।
ମେଘ-ଅବରୋଧ-ମୁକ୍ତ
ଚନ୍ଦ୍ର କିରଣ ତ ଧୀରେ
ଆସି କରି ପଡୁ ଥିବ
ଚନ୍ଦ୍ରକାନ୍ତ ମଣି ପରେ ।
ବିନ୍ଦୁ ବିନ୍ଦୁ ସୁଶୀତଳ
ଜଳକଣା ଝରୁଥିବ
କ୍ରୀଡ଼ାରତେ ତାଙ୍କ ଦେହ
କ୍ଲାନ୍ତ ହୋଇ ପଡ଼ିଥିବ ।
ପ୍ରିୟ ଗାଢ଼ ଆଲିଙ୍ଗନୁ
ହୋଇ ଥିବ ପ୍ରିୟା ମୁକ୍ତ
ରତି-ଶ୍ରାନ୍ତ ରମଣୀର
ଅଙ୍ଗ ହୋଇଥିବ ସିକ୍ତ ॥

୧୦

ଅଳକାର କାମୀଜନେ
ସଞ୍ଚି ଥିବେ ବହୁ ଧନ
ବାରାଙ୍ଗନାଙ୍କର ସାଥେ
ପ୍ରେମାଳାପେ ଥିବ ଲୀନ।
କୁବେର ଭବନ ପାଶେ ବୈଭ୍ରାଜ ଉଦ୍ୟାନେ ରହି
କାଟୁ ଥିବେ ତାଙ୍କ ବେଳ ଚିତ୍ତେ ଉନ୍ମାଦନା ବହି।
ବୁଲି ବୁଲି ଉଦ୍ୟାନରେ
କିନ୍ନରଗଣଙ୍କ ସାଥେ
କରୁଥିବେ ଯଶୋଗାନ
କୁବେରଙ୍କର ଯେ କେତେ ! ॥

୧୧

ସୂର୍ଯ୍ୟୋଦୟ ହେବା ପରେ
ଦେଖି କରି ହେବ ଜାଣି
ନିଶୀଥେ ତ ଯାଇ ଥିଲେ
ଅଭିସାରେ ଯେ ରମଣୀ ।
ଗତିବଶେ ତାଙ୍କ ଦେହ
କଂପି ଉଠି ଥିବ ପରା
ଦେହୁ ଖସି ଅଳଙ୍କାର
ପଡ଼ିଥିବ ରାସ୍ତା ସାରା ।
କେଶୁ ଖସି ଥିବ ଫୁଲ
କର୍ଣ୍ଣରୁ ସ୍ୱର୍ଣ୍ଣ କମଳ
ମୁକ୍ତାର ମେଖଳା ପରା
ଖସି ଥିବ ରମଣୀର
ପୁଣି ଉରଜ-ଶୋଭିତ
ରତ୍ନମାଳା ଯେ ତାହାର ॥

୧୨

ମହାପ୍ରଭୁ ମହେଶ୍ୱର
ଅଳକାର କୋଳେ ବିଜେ
ଯକ୍ଷପତି କୁବେରଙ୍କ
ବନ୍ଧୁ ସେ ଅଟନ୍ତି ନିଜେ ।
ଏହା ଭାବି କରି କାମଦେବଙ୍କୁ ତ
ଲାଗିଥାଏ ସବୁବେଳେ ଡର
ଧରନ୍ତିନି ସିଏ ଆପଣାର ହାତେ
ଭ୍ରମର-ଶିଞ୍ଜିନୀ-ଫୁଲଶର ।
ଚତୁର ବନିତାଗଣ ଭ୍ରୂଭଙ୍ଗୀର ଚାଳନାରେ
କରନ୍ତି ବିଭ୍ରମ ସୃଷ୍ଟି କାମୀଜନଙ୍କ ହୃଦରେ ।
ସେ କଟାକ୍ଷପାତେ
ସେମାନଙ୍କୁ ସତେ
ରମଣୀ ମନର ଅଭିପ୍ରାୟ ଜଣା ପଡ଼େ ପରା
ଏହାଫଳେ ତେଣୁ କନ୍ଦର୍ପଙ୍କ କାର୍ଯ୍ୟ ହୁଏ ପୂରା ॥

୧୩

ରମଣୀଙ୍କ ସାଜସଜ୍ଜା
ଉପକରଣ ବହୁତ
ତାଙ୍କ ପାଇଁ କଳ୍ପବୃକ୍ଷ
ଦେଇଥାଏ ଜାଣ ମିତ !
ବିଚିତ୍ର
ବସନ ସଙ୍ଗେ
କେତେ ଅଳଙ୍କାର ପରା
ବିଭ୍ରମ
ସୃଷ୍ଟିର ଲାଗି
ଚକ୍ଷୁରେ ଭରଇ ସୁରା ।
ପ୍ରସ୍ଫୁଟିତ ପୁଷ୍ପ କେତେ ନବ ପଲ୍ଲବ ସହିତ
ଚରଣ-କମଳ ପାଇଁ ଉପଯୋଗୀ ଅଳତା ତ ॥

୧୪

ମୋ ଘର ଦେଖିବ ଭାଇ !
ଯାହା ଅଳକାପୁରୀରେ
ରାଜମହଲର ସେ ତ
ଅଛି ଉତ୍ତର ଦିଗରେ ।
ଦ୍ୱାରଦେଶେ ତୋରଣଟି
ଦିଶେ ଅତି ମନୋରମ
ସତେ କେଡ଼େ ବର୍ଣ୍ଣିଳ ସେ
ଇନ୍ଦ୍ରଧନୁଟିର ସମ !
ଦୂରୁ ତୁମେ ଦେଖିକରି ମୋ ଭବନ
ଚିହ୍ନିବ ତ
ଦେଖିବ ଶିଶୁ ପାଦପେ ଫୁଟି ଅଛି
ପାରିଜାତ ।
ସ୍ତବକ ଭାରେ ତ
ହୋଇଛି ଆନତ
ହାତ ବଢ଼ାଇଲେ ପାରିବ ଛୁଇଁ
ତାକୁ କାନ୍ତା ମୋର
ଯେହ୍ନେ ପୁତ୍ର ତାର
ସେପରି ପାଳିଛି ସେନେହ ଦେଇ ॥

୧୫

ପାର୍ଶ୍ୱେ ଏକ ସରୋବର
ଦେଖାଯାଏ ମନୋହର
ପଦ୍ମ ସଙ୍ଗେ ଅଳି କରେ ନାଟ
ତାହାର ଗୋଟିଏ ଧାରେ
ଅପରୂପ ଦେଖିବାରେ
ରହିଅଛି ମଣି-ବନ୍ଧା ଘାଟ ।
ଫୁଟିଥିବ ପରା ସରସୀର ଜଳେ
ସ୍ୱର୍ଣ୍ଣର କମଳ କେତେ
ସେହି କମଳର ନାଡ଼ମାନ ସବୁ
ନିର୍ମିତ ବୈଦୁର୍ଯ୍ୟେ ସତେ !
ସରସୀର ସ୍ୱଚ୍ଛଜଳେ
ଭାସି ଭାସି ଦଳେ ଦଳେ
ଖେଳୁଥାନ୍ତି ହଂସ, ହଂସୀ ଗଣ
ନିକଟେ ମାନସ ସର
ଯିବାକୁ ତହିଁ ଆତୁର
ହୁଏ ନାହିଁ କେବେ ତାଙ୍କ ମନ ।
ତୁମକୁ ଦେଖିଲେ ବିଚଳିତ କେବେ
ହଂସଦଳ ହେବେ ନାହିଁ
ଜଳକ୍ରୀଡ଼ାରତ ରହିଥିବେ ପରା
ଅତି ମୁଗ୍ଧ ମନେ ତହିଁ ॥

୧୬

ପୋଖରୀ ତଟରେ ଥିବା
ସେ କେଳି-ପର୍ବତ ଗୋଟି
ଇନ୍ଦ୍ରନୀଳ-ମଣିରେ ଯେ
ଗଢ଼ା ହୋଇଛି ତା' ଚୋଟି ।
ସ୍ୱର୍ଣ୍ଣ-କଦଳୀ ତ ଚଉପାଶେ ତାର
ରହିଅଛି ପରା ଘେରି
ଦିଶଇ ସେ ଘନ ! ତୁମ ଉପାନ୍ତରେ
ସ୍ଥିତ ସୌଦାମିନୀ ପରି ।
ମୋ ପତ୍ନୀର ପ୍ରିୟ ସେ କେଳି-ପର୍ବତ
ଜାଣିଥାଅ ମୋର ଭାଇ !
ତେଣୁ ତା କଥା ମୋ ମନେ ପଡ଼ିଯାଏ
ଦେଖେ ମୁଁ ଆତୁର ହୋଇ ॥

୧୭

ମାଧବୀ-କୁଞ୍ଜର ମଣ୍ଡପ ରହିଛି ସେ ପାହାଡ଼େ
କୁରୁବକ ବୃକ୍ଷ ବାଡ଼ ଘେରାଅଛି ଚାରିଆଡ଼େ।
ପାଶେ କିଶଳୟେ ଭରା
        ରକ୍ତ ରଙ୍ଗର ଅଶୋକ
ଅନ୍ୟ ପଟେ ଫୁଟି ହସେ
        ବକୁଳ ଫୁଲ ଅନେକ।
ପ୍ରଥମଟି ଚାହେଁ   ପାଇବା ପାଇଁକି
ମୋ ପ୍ରିୟାର ବାମ-ପଦ ପରଶ
ଆନ ଚାହିଁଥାଏ   ପାନ କରିବାକୁ
ପ୍ରେୟସୀର ମୁଖ-ମଦିରା-ରସ ॥

୧୮

ଦୁଇଗୋଟି ତରୁ ମଧ୍ୟଭାଗେ ପରା
ସୁବର୍ଣ୍ଣ ଛତ୍ରୀ ବିରାଜେ
ତା' ଦଣ୍ଡ-ଚୂଳରେ କେଡ଼େ ସୁନ୍ଦର ତ
ସ୍ଫଟିକ ତହିଁରେ ସାଜେ ।
ମୂଳ ତା'ର ମଣିମୟ
ସବୁଜ ରଙ୍ଗ ତାହାର
ନବ ବଂଶ-କୁଞ୍ଜ ସମ
ଦିଶେ଼ ଅତି ମନୋହର ।
ମୟୂର ସକଳେ ଆସି ଦିବସର ଅବସାନେ
ଆଶ୍ରୟ ନିଅନ୍ତି ଛତ୍ରୀତଳେ ପରା ଖୁସି ମନେ ।
ନଚାଇ ଥାଏ ମୋ ପ୍ରିୟା
ସେମାନଙ୍କୁ ତାଳି ମାରି
କର-କଙ୍କଣର ଧ୍ୱନି
ଶୁଭଇ ମଧୁର ଭାରି ॥

୧୯

ହେ ଚତୁର ! ମନେ ରଖ
କହୁଛି ଯେତେ ଲକ୍ଷଣ
ଦ୍ୱାରବନ୍ଧେ ଦେଖିବ ତ
ଶଙ୍ଖ, କମଳର ଚିହ୍ନ।
ଦେଖି ତାହା ବୁଝି ଯିବ
ସେ ଅଟେ ମୋହର ଘର
ମୋ ବିରହେ ଶୂନ୍ୟ-ପ୍ରାଣେ
ଥିବ ଯେ ପ୍ରେୟସୀ ମୋର।
ସୂର୍ଯ୍ୟ ବିନା ଯେଉଁପରି ଫୁଟେ ନାହିଁ ପଦ୍ମ ଫୁଲ
ନିଜ ଦୀପ୍ତି ପ୍ରକାଶରେ ହୋଇଥାଏ ସେ ବିଫଳ।
ସେହି ପରି ଗୃହମୋର
ହୋଇଥିବ ଶୋଭାହୀନ
ମୋ କହିବା କଥା ଏବେ
ଭୁଲି ଯିବ ନାହିଁ ଘନ ! ॥

୨୦

କରଭ ତନୁ ପରାଏ
ଲଘୁ କାୟା ଧରିବ ତ
ଗଗନ କୋଳରୁ ତୁମେ
ନଇଁ ଆସ ହେ ଜୀମୂତ !
କଥା କେଳି-ପର୍ବତର
ପୂର୍ବରୁ ଆହେ ମୁଦିର !
ଦେଇଛି ମୁହିଁ ବତାଇ
ଏବେ ବାରିବହ ! ତୁମେ
ବିଶ୍ରାମ ନେବ ସେ ଭୂମେ
ତା'ର ଶୃଙ୍ଗ ପରେ ଯାଇ ।
ଖଦ୍ୟୋତର ପରି ତୁମେ
ଅଳ୍ପ ପ୍ରଭା ବିସ୍ଫୁରଣେ
ଭବନର ଅଭ୍ୟନ୍ତରେ
ଦୃଷ୍ଟିପାତ କର କ୍ଷଣେ ॥

୨୧

ପ୍ରେୟସୀ ମୋହର ଶ୍ୟାମଳାଙ୍ଗୀ ପରା
କୃଶାଙ୍ଗ ତାହାର ଯଉବନେ ଭରା
ଦନ୍ତପନ୍ତି ତା'ର ସୁନ୍ଦର, ସୁତୀକ୍ଷ୍ଣ ଭାରି
ପକ୍ୱ-ବିମ୍ବ ସମ ତା ଓଷ୍ଠ-ଅଧର
କଟି କ୍ଷୀଣ, ନାଭି ବହୁତ ଗଭୀର
ନୟନ ତାହାର ଚକିତା ହରିଣୀ ପରି ।
ନିତମ୍ବର ଗୁରୁ ଭାରେ
ଦ୍ରୁତେ ସେ ଚାଲି ନ ପାରେ
ସ୍ତନ ଭାରେ ଆଗକୁ ସେ ଅଳପ ନତ
ଦେଖିଲେ ରୂପକୁ ତା'ର
ମନରେ ଜାଗେ ବିଚାର
ବିଧାତାଙ୍କ ଆଦ୍ୟ-ସୃଷ୍ଟି ସିଏ ପରା ତ ! ॥

୨୨

ସଂଯତ-ଭାଷିନୀ ସିଏ
କଥା କହେ ଧୀରେ ଅତି
ଦ୍ୱିତୀୟ ଜୀବନ ମୋର
ସିଏ ବୋଲି ଜାଣ ସାଥି !
ଏକାକିନୀ ସଙ୍ଗହୀନା
ଚକ୍ରବାକୀ ପରି ମୋତେ
ଝୁରୁଥିବ ଦିନ ରାତି
ବିରହ ବ୍ୟଥାରେ ସତେ !
କାକର ପଡ଼ିଲେ ଯଥା ପଦ୍ମ ନିଏ ଶୀର୍ଣ୍ଣ ରୂପ
ଦୀର୍ଘ ବେଦନାକୁ ଭୋଗି ମୋ ପ୍ରିୟା ତା' ଅନୁରୂପ ॥

୨୩

ତା କର ଯୁଗଳେ ମୁଖଟିକୁ ରଖି
ବସି ରହିଥିବ ମୋ ପ୍ରାଣ-ଧନ !
କାତର କ୍ରନ୍ଦନେ ଉଚ୍ଛ୍ୱସିତ ହୋଇ
ସ୍ଫୀତ ହୋଇଥିବ ତା'ର ନୟନ ।
ରକ୍ତିମ ଅଧର
ଦିଶିବ ପାଣ୍ଡୁର
ଉଷ୍ଣ ଶ୍ୱାସ ସିଏ ନେବା ଫଳେ
ଆନନ ତା'ର ତ
ଥିବ ଆଚ୍ଛାଦିତ
ଆଲୁଳିତ କେଶରାଶି ତଳେ ।
ତୁମେ ଢ଼ାଙ୍କି ଦେଲେ ଯେପରି ଅବସ୍ଥା ହୋଇଥାଏ ଚନ୍ଦ୍ରମାର
ସେହିପରି ସିନା ଦୈନ୍ୟ ଭାବ ଏବେ ହୋଇଥିବ ମୋ ପ୍ରିୟାର ॥

୨୪

ପଡ଼ିବ ଅଚିରେ
ତୁମରି ଦୃଷ୍ଟିରେ
ଥିବ ପ୍ରିୟା ଦେବ-ପୂଜା ମଗନା
ଅବା ସିଏ ସତେ
ଭାବି ଭାବି ମୋତେ
ଆଙ୍କୁଥିବ ଛବି କରି କଳ୍ପନା ।
କିମ୍ବା ଜିଜ୍ଞାସାରେ ଥିବ ସିଏ ରତ
ପ୍ରଶ୍ନ କରୁଥିବ ସାରିକାଟିକୁ ତ
ପିଞ୍ଜରା ଭିତରେ ତା ଆଡ଼େ ଚାହିଁ
"ଗେହ୍ଲୀ ଥିଲୁ ପରା ତୁହି ଯେ ତାଙ୍କର
ସିଏ କି ତୋ ମନେ ପଡ଼ନ୍ତି ନାହିଁ ?"

୨୫

ଅଥବା ମୁଦିର !
ଦେଖିବ ଏ ଥର
ମଳିନ-ବସନେ-
ଆବୃତା ମୋ ପ୍ରିୟା ଥିବ
କୋଳେ ବୀଣା ରଖି
ଗାଇବା ପାଇଁକି
ସିଏ ଦୃଢ଼ ମନେ
ଉଦ୍ୟମ ଯେ କରୁଥିବ ।
ସେ ଗୀତରେ ରହିଥିବ
ମୋହରି ନାମ ସୂଚନା
ବାଛି ବାଛି ପଦ କେତେ
କରିଥିବ ସେ ରଚନା !
ନୟନାଶ୍ରୁ-ସିକ୍ତ ତନ୍ତ୍ରୀର ମାର୍ଜନା କରି
ତୋଳିବାକୁ ସେହି ମୂର୍ଚ୍ଛନା ମୋ ସହଚରି !
ଚାହୁଁ ଥିବ ଅବିରତ
କରିଲେ ବି ଚେଷ୍ଟା ସେଥିପାଇଁ ଅନିବାର
ଭୁଲି ଯାଉଥିବ ସ୍ୱରଚିତ ଗୀତ-ସୁର
ମନ ତା' ହେବ ବ୍ୟଥିତ ॥

୨୬

ଦୁଆର ବନ୍ଧର
ସମ୍ମୁଖରେ ଥିବା
ଫୁଲମାନ ସବୁ ନେଇ ସଖୀ
ଗୋଟି ଗୋଟି କରି
ଆଣି କରି ପରା
ଭୂଇଁତଳେ ଦେଉଥିବେ ରଖି ।
ଗଣିବ ହିସାବ କରି ମୋର କାନ୍ତା
ରହିଗଲା ଆଉ ମାସ କେତେ
ବିରହ ଆରମ୍ଭ ହେବା ବେଳରୁ ତ
ଶେଷ ହୋଇଯିବା ଯାଏଁ ସତେ ।
ଅଥବା ଥିବ ସେ
କଳ୍ପନା-ବିଳାସେ
ମୋତେ ମନେ ଭାବି
ସମ୍ଭୋଗ-ସୁଖରେ ହୋଇ ଲୀନ
ପ୍ରଣୟୀ-ବିରହେ
ନାରୀ-ହୃଦ ଦହେ
ତଥାପି ଏ ଛବି
ସାନ୍ତ୍ୱନାରେ ଭରେ ତାଙ୍କ ମନ ॥

୨୭

ଦିନବେଳେ   କାମରେ ତ
                 ଲାଗି ରହିଥାଏ ପ୍ରିୟା
ରାତ୍ରିରେ ସେ   ଚିନ୍ତେ ମୋତେ
                 ଥୟ ଧରେ ନାହିଁ ହିୟା ।
ଦେଖିବ ସେଠାରେ ତୁମେ ବିରହରେ ହୋଇ ଘାଣ୍ଟି
ଶୁଖି କଣ୍ଟା ହୋଇଥିବ ତାହାର ଶରୀର ଗୋଟି ।
ଏକ ପାର୍ଶ୍ୱେ ଶୋଇଥିବ
                 ସେ ତ ବିରହ ଶୟନେ
ମୋ ସଙ୍ଗରେ କେଳି କଥା
                 ଭାବୁଥିବ ମନେ ମନେ ।
ପାରେନି ତ ସହ୍ୟ କରି
ମୋର ପ୍ରିୟ ସହଚରି !
                 ବିରହ ବେଦନା ଘୋର
ବାତାୟନ ପାଶେ ଯାଇ
ତେଣୁ ଆହେ ମେଘ-ଭାଇ !
                 ତୁମେ ତା' ପ୍ରତୀକ୍ଷା କର ।
ଭୂଇଁ ପରେ ଶୋଇଥିବ
                 ଉଠିବ ରାତି ଅଧରେ
ମୋ ପ୍ରେରିତ ବାର୍ତ୍ତା ତୁମେ
                 ଦିଅ ନେଇ ତା' ପାଶରେ ।
ତାକୁ ସୁଖ   ଦେବା ପାଇଁ
         ଏ କାର୍ଯ୍ୟ ସଂପନ୍ନ କର
ଅନ୍ତହୀନ   ଆନନ୍ଦ ଯେ
         ପ୍ରାପ୍ତ ହେବ କାନ୍ତା ମୋର ॥

୨୮

ସିଏ ଆଜି କୃଶାଙ୍ଗୀ ତ
ମାନସିକ କ୍ଳେଶ ପାଇ
ଶେଯପରେ ପଡ଼ି ରହେ
ଗୋଟେ କଡ଼ ମାଡ଼ି ହୋଇ ।
ପୂର୍ବ ଦିଗନ୍ତରେ ଯଥା
ଦିଶେ କ୍ଷୀଣ ଚନ୍ଦ୍ରଲେଖା
ସେପରି ବର୍ଣ୍ଣନା ଆଜି
ତା ପାଇଁ ପ୍ରଯୁଜ୍ୟ ଏକା ।
ମିଳନର ଦିନେ
ମୋ ସହିତ ସିଏ
ସୁଖେ ରାତି କାଟୁଥିଲା
ମୁହୂର୍ତ୍ତକ ଭଳି
ସେତେବେଳେ ତାକୁ
ଦୀର୍ଘ ରାତି ଲାଗୁଥିଲା ।
କିନ୍ତୁ ବିଚ୍ଛେଦର ଦିନେ କଟେନି ତା ରାତିବେଳ
ସାରା ରାତି ତା ଚକ୍ଷୁରୁ ବହେ ଉଷ୍ଣ ଅଶ୍ରୁଜଳ ॥

୨୯

ବାତାୟନ ପଥେ ପରା
                 ଚନ୍ଦ୍ରର କିରଣ ଝରେ
ପୂର୍ବ-ପ୍ରୀତି ହେତୁ ତୁମେ
                 ଦୃଷ୍ଟି ଦିଅ ଭାଇ ! ବାରେ ।
ଗଭୀର ଦୁଃଖେ ତାହାର ଅଶ୍ରୁ ଭରା ଚକ୍ଷୁ ଦୁଇ
ଆଖି ମୁଦିବାକୁ ସେ ତ ବହୁ ଚେଷ୍ଟା କରି ଥାଇ
        କିନ୍ତୁ ଅଧ ମୁଦା   ହୋଇ ରହିଥାଏ
       ନୟନ ଦୁଇଟି ମୋ ପ୍ରେୟସୀର
ମେଘାଚ୍ଛନ୍ନ ଦିନେ   ହୋଇଥାଏ ଯଥା
     ରୂପ ଗୋଟି ପରା ସ୍ଥଳ-ପଦ୍ମର ॥

୩୦

ଲକ୍ଷ୍ୟ କର ତୁମେ ଭାଇ !
ତା'ର ଅଧର ପଲ୍ଲବ
ଉଷ୍ଣ ଶ୍ୱାସେ ନିଶ୍ଚୟ ତା
ମଳିନ ଯେ ହୋଇଥିବ ।
ତେଲ ବନା ତା' ସିନ୍ଥିର
ଦୁଇ ପାଶେ କେଶ ପାଶ
ରୁକ୍ଷ ହୋଇ ଥିବ ପରା
ମନେ କିନ୍ତୁ ଥିବ ଆଶ ।
ସପନରେ ଥାଇ
ମୋ ସଙ୍ଗରେ ତାର
କାଳେ ଘଟିଯିବ ମିଳନ ଦିନେ
ସେ ଆଶାରେ ନିଦ୍ରା-
ଚାହେଁ ମୋ ପ୍ରେୟସୀ
ହେଲେ ନିଦ୍ରା ଆସେ ନାହିଁ ନୟନେ ॥

୩୧

ମୋ ବିଦାୟ ବେଳେ ପରା
ଛିଣ୍ଡି ଥିଲା ଫୁଲ ହାର
ଜୁଡ଼ା ବାନ୍ଧି ଥିଲା ସଖୀ
ମନ କରି ଦୃଢ଼ତର ।
ଶ୍ରାପ ଶେଷ ହେଲା ପରେ
ଖୋଲିବି ମୁଁ ତାହା ଜାଣ
ମନେ ପାଞ୍ଚି କରି ପ୍ରିୟା
କରିଛି ଏପରି ପଣ ।
ବିନା-କଟା-ନଖ ହାତେ ରୁକ୍ଷ ବେଣୀଟିକୁ ତା'ର
ଗଣ୍ଡଦେଶ ଉପରୁ ତ କାଢୁଥିବ ବାରମ୍ବାର ॥

୩୨

ମୋ ଅବଳା ପ୍ରିୟତମା
ଝୁରୁଥିବ ବିରହରେ
ଅଳଙ୍କାର ଗୋଟେ ହେଲେ
ନ ଥିବ ତା' କଳେବରେ ।
ଦୁଃଖେ କଷ୍ଟେ ବାରମ୍ବାର
ସେ ନିଜର ଶେଯ କୋଳେ
ପଡ଼ି ରହି ମୋର କଥା
ଭାବୁଥିବ ସବୁବେଳେ ।
ତୁମକୁ ତ ଆହେ ଭାଇ !
ପ୍ରିୟା ମୋ କନ୍ଦାଇଦେବ
ବୁନ୍ଦା ବୁନ୍ଦା ଲୁହ ପରା
ତୁମ ନେତ୍ରୁ ଝରାଇବ ।
କୋମଳ ଆତ୍ମା ଯାହାର
ଯେ ଅଟେ ଦୟାଳୁ ପୁଣି
ତା' ହୃଦୟ ତରଳଇ
ଅପରର ଦୁଃଖ ଜାଣି ॥

୩୩

ପ୍ରିୟତମା ମନେ-ପ୍ରାଣେ
କେତେ ଭଲ ପାଏ ମୋତେ
ସେ କଥା ବୁଝାଇ ମୁହିଁ
ପାରେ କି ତୁମକୁ ସତେ ?
ଯେବେ ସେ ପ୍ରଥମ ଥର
ମୋ ନିକଟୁ ହେଲା ଦୂର
ହେଲା ସିଏ ବିରହିଣୀ
ତାହା ପରେ ଯେଉଁ ଦଶା
ଭୋଗୁଛି ସେ ଦିବା-ନିଶା
ସବୁ ମୁହିଁ ପାରେ ଜାଣି ।
ବାଚାଳତା କରୁ ନାହିଁ
ପତ୍ନୀ ପ୍ରେମ ଅହଙ୍କାରେ
ସତ୍ୟ-ମିଥ୍ୟା ବୁଝିଯିବ
ଦେଖି ତୁମେ ସ୍ୱଚକ୍ଷୁରେ ॥

୩୪

ଅପାଙ୍ଗ ଅଳକେ ପରା
ଆଖି ହୋଇଥିବ ଢାଙ୍କି
କଜଳର ଗାର ସେ ତ
ନ ଥିବ ଲୋଚନେ ଆଙ୍କି ।
ପ୍ରିୟବିନା ଭୁଲି ଥିବ
ଆଖି ନଚାଇବା ଗୁଣ
ମୃଗାକ୍ଷୀ ସଜନୀ ମୋର
ଚାହିଁବ ତୁମକୁ ଘନ !
ତୁମେ ତା ନିକଟେ ଗଲେ ବାମ ଆଖି ଉର୍ଦ୍ଧ୍ୱପତା-
ସ୍ପନ୍ଦିତ ହୋଇବ ପରା, ମନେ ହେବ ସତେ ଯଥା:
ମୀନ ମାଛ ବିକ୍ଷୋଭରେ
ପଦ୍ମ ପାଖୁଡ଼ା ସକଳେ
କଂପୁଥାଇ ରହି ରହି
ସେହି ଉଦ୍‌ବେଳିତ ଜଳେ ॥

୩୫

ଏବେ ପ୍ରେୟସୀର ବାମ ଉରୁ ଦେଶେ
ନଥିବ ମୁକ୍ତାର ମାଳା ସତରେ
ସମ୍ଭୋଗର ଶେଷେ ତାର ଜାନୁ ସାରା
ସଂବାହନ କରୁଥିଲି ମୁଁ କରେ।
ସରସ କଦଳୀ ଖମ୍ବର ପରି
ଉରୁଦେଶ ତାର ଗୁରୁ ଯେ ଭାରି
ନଖ କ୍ଷତ ନଥିବ ପୂର୍ବ ପରି
ସେହି ସ୍ଥାନରେ ତାହାର
ହେ ମୁଦିର ! ତୁମ ଆଗମନ ତ
ଦେଇଥାଏ ପରା ଶୁଭ ସଙ୍କେତ
ସେଥିପାଇଁ ହୋଇବ ଯେ ସ୍ପନ୍ଦିତ
ବାମ ଉରୁ ମୋ ପ୍ରିୟାର ॥

୩୬

ତୁମେ ପହଞ୍ଚିଲା ବେଳେ
ଦେଖିବ ସେଠାରେ ଯଦି
ସୁଖ ମନେ ମୋର ପ୍ରିୟା
ଶୋଇଥିବ ଆଖି ମୁଦି;
ଶବ୍ଦ କରିବନି ଜମା, ରହିଯିବ ନୀରବରେ
ଗୋଟିଏ ପ୍ରହର ତୁମେ ଯାପିବ ଶୟନାଗାରେ ।
ହୁଏତ ସେ ମୋତେ ସପନରେ ପରା
ଦେଖୁଥିବ
ଅଥବା ମୋ ସଙ୍ଗେ ଆଲିଙ୍ଗନବଦ୍ଧ
ହୋଇଥିବ ।
ଥିବ ସିଏ ନିଦ୍ରା କୋଳେ
ନିଦ୍ରାଭଙ୍ଗ ହେବ ହେଲେ
ବାହୁ ତା'ର ହୋଇବ ଶିଥିଳ
ଯଦି ଆମ ଆଲିଙ୍ଗନ
ତୁଟିଯିବ ଆହେ ଘନ !
ଦୁଃଖ ତା'ର ହୋଇବ ପ୍ରବଳ ।
ନ ଘଟୁ ତ ସେହିପରି
ତୁମକୁ ମୋ ଅନୁରୋଧ
ଏ କଥାକୁ ତୁମେ ସଦା
ମନେ ରଖ ହେ ଜଳଦ !

୩୭

ଜଳକଣା-ସିକ୍ତ
ହୋଇ ହେ ଜୀମୂତ !
ସୁଶୀତଳ ବାୟୁ ତୁମେ ବୁହାଇ
ପରଶେ ତୁମର
ପ୍ରେୟସୀକୁ ମୋର
ନିଦ୍ରାକୋଳୁ ପରା ଦେବ ଜଗାଇ ।
ତୁମ ଆଗମନେ ଫୁଟିବ ତ କେତେ
ନବ ନବ କଳି ମାଳତୀର
ଆଖି ଖୋଲି କରି ଜାଗି ଉଠିବ ତ
ଦେଖିବ ତୁମକୁ କାନ୍ତା ମୋର ।
ବସି ପଡ଼ିବ ହେ ଘନ ! ବାତାୟନ ପାଶେ ଯାଇ
ବିଜୁଳିକୁ ନିଜ ଦେହେ ରଖିବ ତୁମେ ଲୁଚାଇ ।
ଧୀରେ ଧୀରେ ତୁମେ କରିବ ସେବେଳେ
ଘଡ଼ ଘଡ଼ି ଧ୍ୱନି ଜଳଧର !
ମୋ ମାନିନୀ ପ୍ରିୟା ! ସଙ୍ଗତେ ହେ ସଖା
ତୁମେ ଯାଇ କଥାବାର୍ତ୍ତା କର ॥

୩୮

କହିବ ତାହାଙ୍କୁ-   "ଆଗୋ ସୌଭାଗିନି !
        ଏବେ କଥା ମୋର ଶୁଣଲୋ ଶୁଣ
ତୁମ ପତି ମୋର   ପରମ ମିତ୍ର ତ
        ମୋହରି ନାମଟି ଜୀମୂତ ଜାଣ ।
ଏ କଥା ନିଶ୍ଚୟ
ଫେରି ଗୃହେ ପ୍ରିୟ
        ଫେଡ଼ିବେ ତୁମର ବେଣୀ ବନ୍ଧନ
ଏହି କାର୍ଯ୍ୟ ପାଇଁ
ସଦା ବ୍ୟଗ୍ର ହୋଇ
        ରହିଅଛି ପରା ତାଙ୍କର ମନ ।
ପଦବ୍ରଜେ ଯେବେ   ଫେରି ଆସୁ ଥିବେ
        ସୁଦୂର ଦେଶରୁ ପ୍ରବାସୀ ଜନ
ତାଙ୍କ ମନେ ଥିବା   ଆଶା ମୁଁ ଜଗାଏ
        ମୃଦୁ ମନ୍ଦ୍ର ସ୍ୱରେ କରି ଗର୍ଜନ ।
ତହୁଁ ଉଠି ପଡ଼ି ଧାଆଁନ୍ତି ସକଳେ ପତ୍ନୀ କଥା ଭାଳି
                ନିଜ ମନରେ
ଉତ୍କଣ୍ଠାରେ ମନ ଭରି ଯିବାରୁ ତ ଚାଲନ୍ତି ସେମାନେ
                ଦ୍ରୁତ ଗତିରେ ॥"

୩୯

ମୋ ପ୍ରେୟସୀ ତୁମ ଠାରୁ
ଶୁଣି କରି ସେହି କଥା
ଚାହିଁବ ତୁମରି ଆଡ଼େ
ଟେକି କରି ନିଜ ମଥା ।
ଜାନକୀଙ୍କ ପାଶୁ ଯଥା
ହନୁମାନ ଥିଲେ ପାଇ
ସେହି ପରି ଆଦର ତ
ଲଭିବ ହେ ମେଘ ଭାଇ !
ଅତି ଆଗ୍ରହରେ
ଦେଖିବ ସତରେ
ମନ ହେବ ତା'ର ଉଚ୍ଛ୍ୱସିତ
ଅଭ୍ୟର୍ଥନା କେତେ
କରିବ ସେ ସତେ
ତୁମ କଥା ପୁଣି ଶୁଣିବ ତ ।
ସଖା ମୁଖୁ ପ୍ରାପ୍ତ ସ୍ୱାମୀ ସମାଚାର
ଆହେ ଘନ !
ମିଳନର ସମ ତୋଷିଥାଏ ସଦା
ନାରୀମନ ॥

୪୦

ମୋର ଅନୁନୟ   ରକ୍ଷାକରି ତୁମେ
କହିବ ହେ ଆୟୁଷ୍ମାନ !
ତୁମରି ବିରହେ   ସ୍ୱାମୀ ଯେ ତୁମର
କାଟନ୍ତି ତାଙ୍କର ଦିନ ।
"ପ୍ରିୟତମ ତୁମର ତ
ରାମଗିରି ଆଶ୍ରମରେ
ବାସ କରୁଛନ୍ତି ଏବେ
ତୁମ ବିନା ବିଷାଦରେ ।
ତୁମ ସମାଚାର
ପାଇଁକି କାତର
ବିରହରେ ଘାରେ ତାଙ୍କ ମନ
କହୁଅଛି ସତ
କରି ମୋତେ ଦୂତ
ପଠାଇଲେ ତୁମ ପ୍ରାଣ ଧନ ।
କୁଶଳ ବାର୍ତ୍ତା ତୁମର
ତାଙ୍କ ପାଶେ ଯିବି ନେଇ
ମୋ ଫେରିବା ବାଟକୁ ତ
ରହିଥିବେ ସେ ଅନାଇ" ॥

୪୧

ବିଧି-ବିଡ଼ମ୍ବନେ ରୁଦ୍ଧ
ତୁମ ସ୍ୱାମୀଙ୍କର ପଥ
ଯାହାଫଳେ ସିଏ ଆଜି
ତୁମଠାରୁ ଦୂରରେ ତ ।
ତୁମ ପରି ଏବେ ତାଙ୍କ ତନୁ ହୋଇଅଛି କ୍ଷୀଣ
ସନ୍ତାପିତ ହୋଇକରି କାଟୁଛନ୍ତି ସିଏ ଦିନ ।
ବିରହରେ ଯଥା ଅଛି ଏହିଠାରେ
ତପ୍ତ ହୋଇ ତୁମ ଦେହ
ତାଙ୍କ ଶରୀରରେ ସେହି ପରି ପର ।
ଅସହ୍ୟ ତାପ-ପ୍ରବାହ ।
ଉଷ୍ଣ ଦୀର୍ଘ ନିଃଶ୍ୱାସ ତ
ଛାଡ଼ ତୁମେ ନିରନ୍ତର
ସେହିପରି ଉଷ୍ଣ-ଶ୍ୱାସେ
ଦଗ୍ଧ ତୁମ ସହଚର ।
ତାଙ୍କ ପାଇଁ ତୁମ ମନେ
ଉତ୍କଣ୍ଠା ଯେ ଭରପୂର
ତାଙ୍କ ମନୁ ତୁମ ଛବି
ନ ହୁଏ ବି କ୍ଷଣେ ଦୂର ।
ହୋଇ କରି ଉତ୍କଣ୍ଠିତ
ଭାବନ୍ତି ସିଏ ସତତ
ତୁମ କଥା ଆଗୋ ସତି !
ତୁମ ଅଙ୍ଗେ ନିଜ ଅଙ୍ଗ
କରିବାକୁ ଏକ ସଙ୍ଗ
ଚାହୁଁଛନ୍ତି ତୁମ ପତି ।
ତୁମର ଯେଉଁ ଅବସ୍ଥା ଦେଖୁ ଅଛି ମୁହିଁ ଏଠି
ଅବିକଳ ସେ ଅବସ୍ଥା ତୁମ ସ୍ୱାମୀଙ୍କର ସେଠି ॥

୪୨

କହ ତାକୁ ତୁମେ ଘନ !
“ସଖୀଙ୍କର ଗହଣରେ
ଥାଅ ତୁମେ ଯେତେବେଳେ
କହନ୍ତିନି ଉଚ୍ଚ ସ୍ୱରେ ।
ତୁମ ମୁଖ- ସ୍ପର୍ଶ-ଲୋଭ
ଜାଗଇ ତ ଯେବେ ମନେ
ଚାହାନ୍ତି ଯେ ସେହି କଥା
କହିବାକୁ ତୁମ କାନେ ।
କାତର ହୁଅନ୍ତି ଏବେ
ଦୂରଦେଶେ ହୋଇ ସ୍ଥିତ
କଥା ପହଞ୍ଚିବ ନାହିଁ,
ଅସମ୍ଭବ ଦୃଷ୍ଟିପାତ ।
ସଂଦେଶ ସେ ଦେଲେ ମୋତେ
ତୁମକୁ କହିବା ପାଇଁ
ଦେଇଥିବା ତାଙ୍କ ବାର୍ତ୍ତା
ଶୁଣ ତୁମେ ମନ ଦେଇ ॥”

୪୩

"ପ୍ରିୟଙ୍ଗୁଲତା ରଚିତ
ଅଙ୍ଗ ଶୋଭା ତୁମର ତ
ଚକିତା ହରିଣୀ ସମ
କର ତୁମେ ଚକ୍ଷୁପାତ ।
ତୁମେ ପରା ଚନ୍ଦ୍ରମୁଖୀ
ପୁଣି ତୁମ କେଶପାଶ
ମୟୂରର କଳ୍ପ-ଗୁଚ୍ଛେ
କରିଥାଏ ଉପହାସ ।
ନଦୀର କ୍ଷୁଦ୍ର ତରଙ୍ଗେ
ଭ୍ରୂଭଙ୍ଗୀକୁ ଦେଖେ ମୁହିଁ
ମିଳେ ସାଦୃଶ୍ୟ ଆଂଶିକ
ହେଲେ ମନ ଭରେ ନାହିଁ ।
କିନ୍ତୁ ମୁଁ ଯେ କାହିଁ ପାଇଲି ନାହିଁ ତ
ଆଗୋ ପ୍ରାଣଧନ ! ପ୍ରେୟସୀ ମମ
ଏକତ୍ରିତ ହୋଇ ଠୁଳ ହୋଇଥିବା
ଶୋଭାର ସମ୍ଭାର ତୁମରି ସମ ॥"

୪୪

"ଆଗୋ ପ୍ରାଣ-ସଖି !   ପଥର ଉପରେ
        ଆଙ୍କିବାକୁ ଚାହେଁ ମୁଇଁ
ପ୍ରଣୟ-କୁପିତା   ଛବିଟି ତୁମରି
        ଲାଲ୍ ଗେରୁ ମାଟି ନେଇ ।
ଭାବୁଅଛି ମନେ   ତୁମରି ଛବିର
        ଅଙ୍କନ ତ ସରିଗଲେ
ମୋ ଛବି ଆଙ୍କିବି   ଯହିଁ ଲୋଟୁଥିବି
        ମୁଁ ତୁମ ଚରଣ ତଳେ ।
କିନ୍ତୁ ସେ ଛବିଟି ଆଙ୍କିବା ସମ୍ଭବ ହୁଏ ନାଇଁ
ସଞ୍ଚିତ ଲୁହରେ ରୁଦ୍ଧ ହୁଏ ମୋର ଚକ୍ଷୁ ଦୁଇ ।
ବ୍ୟଥିତ ହୁଏ ମୁଁ ଘୋର
ବହି ଆସେ ଝର ଝର
        ମୋ ନୟନୁ ତପ୍ତଜଳ
ଦଇବ ବଡ଼ ନିଷ୍ଠୁର
ନାହିଁ ତ ଇଚ୍ଛା ତାଙ୍କର
        ଚିତ୍ରରେ ବି ଆମମେଳ ।।"

୪୫

ସ୍ୱପନ-ମିଳନେ ଯଦି କେବେ ପ୍ରିୟେ !
ତୁମ ହୃଦୟକୁ ଛୁଇଁ ଥାଏ
ଶୂନ୍ୟ ଆକାଶରେ ପ୍ରସାରିଣ ବାହୁ
ବୃଥାରେ କେବଳ ଦୁଃଖ ପାଏ ।
ଦେଖି ଅଭାଗାର
ଯାତନା ଅପାର
ଦେବତା କରନ୍ତି ଅଶ୍ରୁପାତ
ତରୁ କିଶଳୟେ
ଝରି ପଡୁ ଥାଏ
ହିମ-ମୁକ୍ତା-ଛଳେ ବେଦନା ତ ॥

୪୬

ଦେବଦାରୁ ବନେ ସମୀରଣ
ଛିନ୍ନ କରି ପ୍ରତାବଳି ତାର
କ୍ଷୀର-ଗନ୍ଧେ ହୋଇ ସୁଗନ୍ଧିତ
ମହକାଏ କାନନ, ପ୍ରାନ୍ତର ।
ବହେ ଅବିରତ
ଦକ୍ଷିଣ ଦିଗେ ତ
ସୁରଭିକୁ ନେଇ ନିଜ ସାଥିରେ
ଶୀତଳ ସମୀର
ପରଶେ ମୋହର
ମନ ନାଚି ଉଠେ ଆନନ୍ଦଭରେ ।
ଭାବେ ଅୟି ଗୁଣବତି ! ତୁମ ଅଙ୍ଗ ଛୁଇଁ କରି
ଏଠାରେ ଆସି ତ ବହେ
ସେଇଥି ପାଇଁକି ପରା ଅନିଳ ନିକଟୁ ମୁହିଁ
ଆଲିଙ୍ଗନ ତାର ଚାହେଁ ॥

୪୭

ଚଟୁଳ-ନୟନା !
ମୁଁ ତୁମରି ବିନା
କିପରି କାଟିବି ଯେ ଦୀର୍ଘରାତି
ସନ୍ତାପ-ଦାହ ତ
କେବେ ଘୁଞ୍ଚିବ ତ
ପାରେ ନାହିଁ ତାହା ମନରେ ଚିନ୍ତି ।
ଦୁରାକାଂକ୍ଷା ନେଇ
ମୁହିଁ ତୁମ ପାଇଁ
ରହିଅଛି ହୋଇ ବ୍ୟଥିତ-ମନ
ଅସାଧ୍ୟ ସାଧନା
ମୋହରି କାମନା
ତେଣୁ ଏବେ ମୁହିଁ ଉପାୟ-ହୀନ ॥

୪୮

କଲ୍ୟାଣୀ ଗୋ ! ତୁମେ ଶୁଣ
  ନିରୁପାୟେ ମୁହିଁ ଅଛି
ନିଜକୁ ନିଜେ ତ ମୁହିଁ
  ସାନ୍ତ୍ୱନା କେତେ ଦେଇଛି !
ବିରହ ବ୍ୟଥାକୁ   ସେଥିଲାଗି ତୁମେ
  ଏବେ ଟିକେ ସହି ଯାଅ
ଭାଙ୍ଗି ପଡ଼ ନାହିଁ   ତୁମେ ଗୋ ସଜନୀ !
  ମନକୁ ଦୃଢ଼ତା ଦିଅ ।

ଏହା ଜାଣି ରଖ
ସୁଖ ଅବା ଦୁଃଖ
  ନୁହେଁ କେହି ଚିରସ୍ଥାୟୀ
ସୁଖ ପରେ ଦୁଃଖ
ଦୁଃଖ ପରେ ସୁଖ
  ଆସେ କ୍ରମ ଅନୁଯାୟୀ ।
ଲୋକର ଅବସ୍ଥା ପରା
  ଚକ୍ର-ନେମୀର ପରାଏ
କେବେ ଉଚ୍ଚେ, କେବେ ନିମ୍ନେ
  ସେ ପ୍ରକାରେ ଚାଲିଥାଏ ॥

୪୯

"ସର୍ପ-ଶୟନରୁ ଯେବେ
            ଉଠିବେ ପ୍ରଭୁ ଶ୍ରୀହରି
ମୁକ୍ତି ମିଳିଯିବ ମୋତେ
            ଶ୍ରାପ ମୋର ଯିବ ସରି ।
ଅଛି ଖାଲି ଚାରିମାସ
ନ ହୁଅ ତୁମେ ଉଦାସ
            ରହିଯାଅ ବୁଜିଦେଇ ଆଖି
ମନର ବାସନା ଯେତେ
ପୂରଣ ହୋଇବ ସତେ
            ରହିବନି ଆଉ କିଛି ବାକି ।
      ପୂର୍ଣ୍ଣ ହେବ   ସବୁ ସହି !
            ଶାରଦୀୟ ଜ୍ୟୋସ୍ନାରାତେ
      ତୁମ ସଙ୍ଗେ   ମୋ ମିଳନ
            ସମ୍ଭବ ହୋଇବ ସତେ" ॥

୫୦

କହିଛନ୍ତି ତୁମ ପ୍ରିୟ
ଶୁଣ କରେ ଅନୁନୟ-
"ଏକଦା ଯେ ମୋତେ ତୁମେ
         ଭିଡ଼ି ଧରି ଶୋଇଥିଲ
ନିଦ ଭାଙ୍ଗିଲା ଅଧାରୁ
         ତୁମେ ଚମକି ଉଠିଲ।
କିବା ହେଲା ସହି !
ପଚାରିଲି ମୁହିଁ
         ଛାତିରେ ଜାବୁଡ଼ି ଧରି ଥିଲି
କହ କହ ମୋତେ
ତୁମକୁ ମୁଁ ସତେ
         ଅନୁରୋଧ କେତେ କରିଥିଲି !
ସେହି ପ୍ରଶ୍ନଟିର   ଉତ୍ତରଟିକୁ ତ
         ମୃଦୁ ହସି ତୁମେ ଦେଲ-
ସ୍ୱପ୍ନେ ମୁଁ ଦେଖିଲି   ଅନ୍ୟନାରୀ ସଙ୍ଗେ
         ତୁମେ ପରା ରହିଥିଲ।
ତା ସହିତ ନିଧୁବନେ
         ଥିଲ ରତ ହେ କପଟୀ
ତୁମ କଥା ଶୁଣିବିନି,
         ଖୋଲ ନାହିଁ ତୁମେ ପାଟି" ॥

୫୧

"ଦେଖିଲେ ଜାଣିବ ତୁମେ
ଦେଲି ଯେ ସନ୍ତକସାରା
ଆଶ୍ରମେ ରହିଛି ମୁହିଁ
କୁଶଳେ ମଙ୍ଗଳେ ପରା ।
କେ କହେ ବିରହେ
ସ୍ନେହ ଦୂର ହୁଏ ?
ବରଂ ଅଭୋଗର ବଶେ
ଅତୀବ ତୃଷ୍ଣାରେ
ହୁଅଇ ସତରେ
ପରିଣତ ପ୍ରେମ-ରସେ ।
ଲୋକଙ୍କର କଥାକୁ ତ
ବିଶ୍ୱାସ କରନି ମୋଟେ
ବିରହର ଫଳେ କେବେ
ମନର ସ୍ନେହ ନ ତୁଟେ ।"

୫୨

ପ୍ରଥମ ବିରହେ ପରା
କାନ୍ତା ଶୋକାକୁଳା ଥିବ
କହିବ ଏପରି କଥା
ମନୁ ତା'ର ଚିନ୍ତା ଯିବ।
ବୃଷ ଶିବଙ୍କର
କୈଳାସ ଶିଖର
ତାଡ଼ି ଅଛି ଖୁରାଘାତେ
ତୀବ୍ର ବେଗ ଧରି
ଆସ ତୁମେ ଫେରି
ରହନି ସେ ପରବତେ।
ସନ୍ତକ ତ କିଛି ତୁମେ
ନିଜ ସଙ୍ଗେ ଆସ ନେଇ।
ତୁମ କାର୍ଯ୍ୟ ସାଧନରେ
ପ୍ରୟୋଜନ ହେବ ଭାଇ!
ପ୍ରାତକାଳେ ସୁପ୍ତ ଥିବା
କୁନ୍ଦଫୁଲ ପରି ପରା
ପ୍ରାଣ ମୋର ରହିଅଛି
ହୋଇ କରି ଦରମରା।
କୁଶଳ ବାର୍ତ୍ତା ପ୍ରଦାନ
କରିବ ହେ ଜଳ ଧର!
ସନ୍ତପ୍ତ ପ୍ରାଣକୁ ମୋର
ତୁମେ ଏବେ ରକ୍ଷା କର ॥

୫୩

ଆହେ ସୌମ୍ୟ ବାରିବାହ !
ମୁଁ ପରା ସଖା ତୁମର
କରିବ କି କାର୍ଯ୍ୟ ମୋର
ଦିଅ ହେ ତୁମେ ଉତ୍ତର ।
ଶୁଣିଲେ ତୁମର ମୁଖୁ
ବୁଝିବି ତାହା ନୁହେଁ ତ
ଜାଣେ ମୁଁ ରଖିଛ ତୁମେ
ବଡ଼ ମନ ହେ ଜୀମୂତ !
ତୃଷାରେ ହୋଇ କାତର
ଚାତକଟି ମାଗେ ନୀର
ନିବେଦନ ଶୁଣି ସେତେବେଳେ
ନକହି ପଦେ ବଚନ
ତୁମେ ଆହେ ନବଘନ !
ତୃଷା ଦୂର କର ବର୍ଷା ଛଳେ ।
ବିନା ବଚନରେ ଯଥା
ମହତ ପୁରୁଷ ଗଣ
ଲୋକଙ୍କର ମନୋବାଞ୍ଛା
କରନ୍ତି ସଦା ପୂରଣ ॥

୫୪

ଅନୁଚିତ ପ୍ରାର୍ଥନା ତ
କରୁଅଛି ମୁଁ ଜୀମୂତ
ଯେଣୁ ତୁମେ ଦୟାର୍ଦ୍ର-ହୃଦୟ
ଫେଡ଼ିବାକୁ ପର ଦୁଃଖ
ହୁଅନାହିଁ ପରାନ୍ମୁଖ
ଏ କଥା ମୁଁ ଜାଣିଛି ନିଶ୍ଚୟ।
ମିତ୍ର ପଣେ ପରା ତେବେ
ଅଥବା ବିରହୀ ଭାବେ
କରୁଣା ତ ବହିବ ମରମେ
କରେ ମୁହିଁ ନିବେଦନ
କାର୍ଯ୍ୟ କରି ସମାପନ
ଫେରି ଆସ ମୋ ନିକଟେ ତୁମେ।
ତା ପରେ ବିଦାୟ ନେଇ
ଚାଲିଗଲା ପରେ ଭାଇ !
ଚାରୁ-ଶୋଭା ତୁମେ ତ ଧରିବ
ବର୍ଷାକାଳେ ତୁମ ରୂପ
ହୋଇ କରି ଅପରୂପ
ଲୋକଙ୍କର ମନକୁ ମୋହିବ।
ମନମୁତାବକ ତୁମେ ଦେଶେ ଦେଶେ କର ବିଚରଣ
ଦାମିନୀ-କାମିନୀ ସହ ରହିଥାଅ ତୁମେ ଅନୁକ୍ଷଣ।
ମୋ ପରି ତୁମ ଜୀବନେ
କେବେ ହେଲେ ନ ଘଟୁ ବିରହ
ବିଚ୍ଛେଦ ବେଦନା ପରା
ଜାଣ ସଖେ ! ହୁଏ ଦୁର୍ବିସହ ॥

ଶବ୍ଦଟୀକା

ଯକ୍ଷ	-	ଧନପତି କୁବେରଙ୍କ ଅନୁଚର।
ଯକ୍ଷପତି	-	କୁବେର
ରୁଷ୍ଟ	-	ରାଗିକରି
ଦୟିତା	-	ପତ୍ନୀ
କାନ୍ତା	-	ପତ୍ନୀ
ବପ୍ରକ୍ରୀଡ଼ା	-	ଶିଙ୍ଘ କିମ୍ବା ଶୁଣ୍ଢରେ ମାଟି ତାଡ଼ି କ୍ରୀଡ଼ା କରିବାକୁ ବପ୍ରକୀଡ଼ା ବା ଉତ୍‌ଖାତ କେଳି କୁହାଯାଏ।
ମାତଙ୍ଗମ	-	ହାତୀ
ରାଜରାଜ	-	କୁବେର
କୁଟଜ	-	ଏହା ହେଉଛି ବଣମଲ୍ଲିକା ପରି ଏକ ପ୍ରକାର ଫୁଲ। ଓଡ଼ିଆରେ ଏହାକୁ ପିତା କୋରୁଆ ବୋଲି କହନ୍ତି।
ଜଳଧର	-	ମେଘ
ଜୀମୂତ	-	ମେଘ
ପୁଷ୍କରାବର୍ତ୍ତକେ	-	ଚାରିପ୍ରକାର ମେଘ ମଧ୍ୟରେ ଦୁଇ ପ୍ରକାର ପୁଷ୍କର ଓ ଆବର୍ତ୍ତକ।
ନୀରଦ	-	ମେଘ
ଗର୍ଭାଧାନ	-	ଗର୍ଭଧାରଣ। ବର୍ଷାର ଆଗମନରେ ବଗୁଲୀମାନେ ଗର୍ଭଧାରଣ କରନ୍ତି।
ଚାରୁ	-	ସୁନ୍ଦର
ଶୁଭଙ୍କର	-	ଶୁଭଫଳ ପ୍ରଦାନ କରିବା
ମହୀଧର	-	ପର୍ବତ

ସିଦ୍ଧାଙ୍ଗନା - ଗନ୍ଧର୍ବ, କିନ୍ନର ଇତ୍ୟାଦିଙ୍କ ପରି ଉପଦେବତା ମାନଙ୍କର ରମଣୀମାନେ

ଦଗ୍‌ନାଗ - ଆକାଶରେ ୮ଟି ଦିକ୍ ରକ୍ଷାର ଉଦ୍ଦେଶ୍ୟରେ ଐରାବତ, ପୁଣ୍ଡରିକ, ବାମନ, କୁମୁଦ, ଅଞ୍ଜନ, ପୁଷ୍ପଦନ୍ତ, ସାର୍ବଭୌମ ଓ ସୁପ୍ରତୀକ ଏହି ଆଠଟି ହସ୍ତୀ ଅଛନ୍ତି ବୋଲି ପ୍ରସିଦ୍ଧି ରହିଛି। କାଳିଦାସଙ୍କର ସମସାମୟିକ ବୌଦ୍ଧ ପଣ୍ଡିତ ଓ କବି ଯିଏ କାଳିଦାସଙ୍କର ପ୍ରତିଦ୍ୱନ୍ଦୀ ଓ ସମାଲୋଚକ ଥିଲେ, ତାଙ୍କର ନାମ ମଧ୍ୟ ଦିଗ୍‌ନାଗ ବୋଲି କୁହାଯାଏ।

ବାହ୍ଲୀକ - ଉଇହୁଙ୍କା

ରୁଚିର - ସୁନ୍ଦର

ଶିଖୀ - ମୟୂର

ମଧୁସୂଦନ - ଶ୍ରୀକୃଷ୍ଣ

ଘନ - ମେଘ

ମନ୍ଥର - ଆସ୍ତେ ଆସ୍ତେ

ମୁଦିର - ମେଘ

ପାଣ୍ଡୁର - ଧଳା

ପୟୋଧର - ସ୍ତନ

ଉରସେ - ବକ୍ଷରେ

ରିକ୍ତ - ଖାଲି

କନ୍ଦଳୀ - ଏକ କ୍ଷୁଦ୍ର ବୃକ୍ଷବିଶେଷ, ଯେଉଁଥିରେ ଲାଲ୍ ଛୋଟ ଛୋଟ ଫୁଲ ଫୁଟେ, ପତ୍ରଗୁଡ଼ିକ ତାର ଘନ ସବୁଜ।

ଚାତକ - ବର୍ଷାଜଳ ପାଇଁ ଆତୁର ପକ୍ଷୀ ବିଶେଷ।

ଉଦକ - ପାଣି

ତ୍ରସ୍ତେ - ଡରି ଡରି

ବ୍ୟୋମଚାରୀ - ମେଘ

ଚୈତ୍ୟ - ପଥଧାରରେ ରୋପିତ ପବିତ୍ର ବୃକ୍ଷରାଜି

ପକ୍ୱ - ପାଚିଲା

କାମୁକ - କାମୀଜନ

ବାରବଧୂ - ବେଶ୍ୟା

ଯୂଥିକା	-	ଯୁଈଫୁଲ
ଜଳଦ	-	ମେଘ
ଉପଳ	-	ପଥର
ମେଖଳା	-	ଅଣ୍ଟାର ଭୂଷଣ
କୂଜନ	-	ପକ୍ଷୀମାନଙ୍କର ରାବ
ଆବର୍ତ୍ତ	-	ଭଉଁରୀ
ବୀଚି	-	ଢେଉ
ଶୀର୍ଣ୍ଣ	-	କ୍ଷୀଣ
ଜୀର୍ଣ୍ଣ	-	ପୁରୁଣା ହୋଇଥିବା ଯୋଗୁ ଖରାପ ହୋଇ ଯାଇଥିବା।
ସୁଭଗ	-	ଯେଉଁ ପୁରୁଷର ପତ୍ନୀ ତାକୁ ବହୁତ ଭଲପାଏ।
ପ୍ରଖ୍ୟାତ	-	ପ୍ରସିଦ୍ଧ
ବିକଚ	-	ପ୍ରସ୍ଫୁଟିତ
ସାରସ	-	ହଂସ
ନିଧୁବନ	-	ଶୃଙ୍ଗାର, ସମ୍ଭୋଗ
ବ୍ୟଜନ	-	ପବନ ଦେବା ପାଇଁ ପଙ୍ଖାକୁ ବିଞ୍ଚିବା
ଚଣ୍ଡିପତି	-	ମହାଦେବ
ପ୍ରମଥେ	-	ମହାଦେବଙ୍କର ଭୂତ, ପ୍ରେତ ଆଦି ଗଣମାନେ
ବାମା	-	ନାରୀ
ପଟହ	-	ବାଦ୍ୟ ବିଶେଷ
ତ୍ରିଲୋଚନ	-	ମହାଦେବ
ବାରାଙ୍ଗନା	-	ବେଶ୍ୟା
ତାଣ୍ଡବ	-	ମହାଦେବଙ୍କର ତାଣ୍ଡବ ନୃତ୍ୟ
ଚନ୍ଦ୍ରଚୂଡ଼	-	ମହାଦେବ
ରକ୍ତ-ବିନ୍ଦୁ ବର୍ଷୀ	-	ଗଜାସୁର ନାମକ ହସ୍ତୀର ଆର୍ଦ୍ର ଚର୍ମ ଯେଉଁଥିରୁ ରକ୍ତବିନ୍ଦୁ ଝରେ।
ଗଜଚର୍ମ	-	କଥିତ ଅଛି ଯେ ମହାଦେବ ଗଜାସୁର ନାମକ ହସ୍ତୀର ବେଶଧାରୀ ଏକ ଅସୁରକୁ ନିହତ କରି ତାହାର ସେହି ରକ୍ତପ୍ଲୁତ ଚର୍ମକୁ ନେଇ ନୃତ୍ୟ କରିଥିଲେ।
ଗିରି ନନ୍ଦିନୀ	-	ପାର୍ବତୀ

କଷଟି ପଥର - ଯେଉଁଥିରେ ବଣିଆମାନେ ସୁନାକୁ ଘର୍ଷଣ କରି ତାକୁ ପରଖିଥାନ୍ତି ।

ବଡ଼ଭୀ - ପ୍ରାସାଦର ଉପର ମହଲା

ସୁପ୍ତି - ନିଦ

ଖଣ୍ଡିତା - କାବ୍ୟ ଶାସ୍ତ୍ରରେ ନାୟିକାର ଏକ ଭେଦ । କୌଣସି ଅନ୍ୟ ସ୍ତ୍ରୀ ସହିତ ସମ୍ବନ୍ଧ ରଖିଥିବା ପ୍ରେମୀର ଶରୀର ଉପରେ ସମ୍ଭୋଗର ଚିହ୍ନ ମିଳିବାରୁ ଦୁଃଖି ଥିବା ନାୟିକା ।

କ୍ଷୁବ୍ଧ - ରାଗିବା

ଅଂଶୁମାନ - ସୂର୍ଯ୍ୟ

ଚଟୁଳ - ଚଞ୍ଚଳ

ଶଫରୀ - କେରାଣ୍ଡୀ ମାଛ

ପୁଳିନ - ନଦୀତଟବର୍ତ୍ତୀ ସ୍ଥାନ

ଉନ୍ମୁକ୍ତ-ଜଘନା - ଜଙ୍ଘ ଖୋଲାଥିବା ନାରୀ

ମହେଶ୍ୱର - ମହାଦେବ

ବାସବ - ଇନ୍ଦ୍ର

ସୁଧାଂଶୁ-ଶେଖର - ମହାଦେବ

ଚନ୍ଦ୍ରକ-ଅଙ୍କା ପାଳକ - ମୟୂର ପୁଚ୍ଛ ଯେଉଁଥିରେ ଚନ୍ଦ୍ରର ଚିତ୍ର ଅଙ୍କିତ ହୋଇଛି

ଉମା - ପାର୍ବତୀ

ଶ୍ୟାମ - ଶ୍ରୀକୃଷ୍ଣ

ତରଙ୍ଗିଣୀ - ନଦୀ

ଆନନ - ମୁଖ

କୀଚକ - ଛିଦ୍ର ବିଶିଷ୍ଟ ପାର୍ବତ୍ୟ ଅଞ୍ଚଳର ବାଉଁଶ ଯେଉଁଥିରୁ ସଙ୍ଗୀତ ପରି ଶବ୍ଦ ବାହାରେ

ଫଣୀ - ସାପ

ସତୀ - ପାର୍ବତୀ

ଶୈଳସୁତା - ପାର୍ବତୀ

କମଳିନୀ - ପଦ୍ମଫୁଲ

ବାରୁଣୀ - ମଦ

ଆସବ - ମଦ

ନୀବି ବନ୍ଧନ	-	ଶାଢ଼ୀର ଗଣ୍ଠି
ଭତ୍ତି	-	କାନ୍ଥ
ବାତାୟନ	-	ଝରକା
ଚନ୍ଦ୍ରକାନ୍ତ ମଣି	-	ଏକ ପ୍ରକାର ମଣି
ଉରଜ	-	ସ୍ତନ
ସ୍ତବକ	-	ପେନ୍ଥା
ଅଳି	-	ଭ୍ରମର
ଇନ୍ଦ୍ରନୀଳ	-	ନୀଳରଙ୍ଗର ମାଣିକ୍ୟ
ଘନ	-	ମେଘ
ବିମ୍ବ	-	ଏକ ପ୍ରକାର ଲାଲ୍ ରଙ୍ଗର ଫଳ
କୃଶାଙ୍ଗ	-	କ୍ଷୀଣ ଅଙ୍ଗ
ରକ୍ତିମ	-	ଲାଲ୍ ରଙ୍ଗ
ଅପାଙ୍ଗ	-	ତୈଳ ହୀନ
ସଂବାହନ	-	ଆଉଁଶି ଦେବା
କିଶଳୟ	-	ନୂତନ କୋମଳ ପତ୍ର
ସମୀରଣ	-	ପବନ

ପରିଶିଷ୍ଟ

ରାମଗିରି	-	ମଲ୍ଲିନାଥଙ୍କ ମତରେ ରାମଗିରି ଚିତ୍ରକୂଟ ପର୍ବତକୁ ବୁଝାଏ। ଚିତ୍ରକୂଟ ବୁନ୍ଦେଲଖଣ୍ଡରେ ଅବସ୍ଥିତ। ଅନେକ ବିଦ୍ୱାନ କିନ୍ତୁ ଏହାକୁ ମଧ୍ୟପ୍ରଦେଶସ୍ଥିତ ରାମଗଡ଼ ପର୍ବତ ବୋଲି ସ୍ୱୀକାର କରନ୍ତି। କେତେକ ମଧ 'ରାମଟେକ୍' ବୋଲି କହନ୍ତି।
ପୁଷ୍କରାବର୍ତ୍ତକ	-	ମେଘ ବିଶେଷ। ମେଘ ଚାରି ପ୍ରକାର- ଆବର୍ତ୍ତକ, ସଂବର୍ତ୍ତକ, ପୁଷ୍କର ଓ ଦ୍ରୋଣ।
କୈଳାସ	-	ହିମାଳୟ ପର୍ବତର ଉତ୍ତରରେ ଅତି ମନୋହର ପର୍ବତଟିର ନାମ ହେଉଛି-କୈଳାସ। ପୁରାଣ ମାନଙ୍କରେ ଏହାକୁ 'ଦେବଭୂମି' ବୋଲି କୁହାଯାଏ। ଏହି ପର୍ବତର ଦକ୍ଷିଣରେ 'ମାନସ ସରୋବର' ରହିଛି। ଏହି କୈଳାସରେ ଶିବ ବାସ କରନ୍ତି। ତେଣୁ ଶିବଙ୍କୁ 'କୈଳାସନାଥ' କୁହାଯାଏ।
ମାନସ ସରୋବର	-	କୈଳାସର ଦକ୍ଷିଣରେ 'ମାନସ ସରୋବର' ରହିଛି। ଏହା ତିବ୍ବତର ପ୍ରସିଦ୍ଧ ହ୍ରଦ।
ଆମ୍ରକୂଟ	-	ୱିଲସନ୍‌ଙ୍କ ମତରେ ଏହା "ଅମରକଣ୍ଟକ" ନାମକ ପର୍ବତ ଅଟେ। ଏହା ନର୍ମଦା ନଦୀର ଉତ୍ପତ୍ତିସ୍ଥଳ।
ରେବା	-	ଏହା ଏକ ନଦୀର ନାମ। ବିନ୍ଧ୍ୟ ପର୍ବତର ପୂର୍ବ ଦିଗରେ ଥିବା ମେକଳ ପର୍ବତ (ଅମରକଣ୍ଟକ ପର୍ବତ)ରୁ ଏହି ରେବା ନଦୀ ପ୍ରବାହିତ ହୋଇଛି। ଏହାକୁ ନର୍ମଦା ନଦୀ ବୋଲି ମଧ୍ୟ କୁହାଯାଏ। ଏହା ୮୦୦ କୋଶ ଲମ୍ବା ଅଟେ।
ଦଶାର୍ଣ୍ଣ ଦେଶ	-	ମଧ୍ୟପ୍ରଦେଶର ମଧ ଅଞ୍ଚଳଟି ପୂର୍ବେ "ଦଶାର୍ଣ୍ଣ" ନାମରେ ବିଦିତ ଥିଲା। ଏହାର ରାଜଧାନୀ "ବିଦିଶା" (ଆଧୁନିକ

'ମିଲସା') ଥିଲା। ଏହି ସ୍ଥାନରେ "ବେତ୍ରବତୀ" ନଦୀ ପ୍ରବାହିତ ହୋଇଥାଏ। କେତେକ ବିଦ୍ୱାନ୍ ବର୍ତ୍ତମାନ "ଛତିଶଗଡ଼" ନାମକ ସ୍ଥାନରେ ଏକ ଅଂଶକୁ "ଦଶାର୍ଣ୍ଣ" ବୋଲି କହିଥାନ୍ତି।

ବିଦିଶା - ଏହା ଦଶାର୍ଣ୍ଣ ଦେଶର ରାଜଧାନୀ। ବର୍ତ୍ତମାନ ଏହାର ଆଧୁନିକ ନାମ ହେଉଛି "ମିଲସା"।

ବେତ୍ରବତୀ ନଦୀ - ଏହା ଦଶାର୍ଣ୍ଣ ଦେଶରେ ପ୍ରବାହିତ ହେଉଥିବା ନଦୀ ବିଶେଷ ଅଟେ। ଏହାର ବର୍ତ୍ତମାନ ଆଧୁନିକ ନାମ ହେଉଛି- "ବେତଓ୍ୱା"। ଏହା ବିନ୍ଧ୍ୟ ପର୍ବତର ଉତ୍ତର ଦିଗରୁ ବାହାରି ମାଳବଦେଶ (ମଧ୍ୟପ୍ରଦେଶ) ଓ ପ୍ରୟୋଗର ନୈଋତ ଭାଗକୁ ଆପ୍ଲାବିତ କରି ଯମୁନା ନଦୀ ସହିତ ମିଳିତ ହୋଇଛି।

ନୀଚ ପର୍ବତ - ବିଦିଶା ନଗରୀର ଉପକଣ୍ଠରେ ଥିବା ପର୍ବତ।

ଉଜ୍ଜୟିନୀ - ଏହା ମାଳବଦେଶର ରାଜଧାନୀ। ଏହାକୁ "ଅବନ୍ତୀ" "ଅବନ୍ତିକା" ଓ "ବିଶାଳା" ମଧ୍ୟ କୁହାଯାଏ। ଏହାର ଆଧୁନିକ ନାମ "ଉଜ୍ଜୈନ" ଅଟେ। ଏହା ଅଯୋଧ୍ୟା ପ୍ରଭୃତି ସାତଗୋଟି ନଗରୀ ମଧ୍ୟରୁ ଅନ୍ୟତମ।

ନିର୍ବିନ୍ଧ୍ୟା ନଦୀ - ଏହା ବନ୍ଧ୍ୟ ପର୍ବତରୁ ବାହାରିଥିବା ଏକ ନଦୀ।

ସିନ୍ଧୁ ନଦୀ - ମାଳବ ଅଞ୍ଚଳସ୍ଥିତ କାଳସିନ୍ଧୁ ନାମକ ନଦୀ।

ଅବନ୍ତୀ - ମାଳବ ଦେଶର ପୁରାତନ ନାମ। କେତେକଙ୍କ ମତରେ ଅବନ୍ତୀ ମାଳବ ଦେଶର ରାଜଧାନୀ। କିନ୍ତୁ କାଳିଦାସ ଅବନ୍ତୀକୁ ରାଜ୍ୟ ବୋଲି ବ୍ୟବହାର କରିଛନ୍ତି।

ଉଦୟନ - ଉଦୟନ ଓ ବାସବଦତ୍ତା କଥା ସେ ଯୁଗରେ ଲୋକମୁଖରେ ସୁପରିଚିତ ଥିଲା।

ଶିପ୍ରା ନଦୀ - ଉଜ୍ଜୟିନୀରେ ପ୍ରବାହିତ ହେଉଥିବା ଏକ ନଦୀ।

ମହାକାଳ - ଶିବପୁରାଣୋକ୍ତ ଦ୍ୱାଦଶ ଶିବଲିଙ୍ଗ ମଧ୍ୟରେ ଅନ୍ୟତମ। ଉଜ୍ଜୟିନୀରେ ଶିବ ମହାକାଳ ନାମରେ ପ୍ରସିଦ୍ଧ।

ନାଗଚର୍ମ - ଶିବ ଗଜାସୁରକୁ ମାରି ତାହାର ରକ୍ତାକ୍ତ ଚର୍ମ ହସ୍ତରେ ଉତ୍ତୋଳନ କରି ତାଣ୍ଡବ ନୃତ୍ୟ କରିଥିଲେ। ଏଠାରେ ତାହା ହିଁ ଲକ୍ଷ୍ୟ କରାଯାଇଛି।

ଗମ୍ଭୀରା ନଦୀ	-	ଏହା ମାଳ ଦେଶରେ ପ୍ରବାହିତ ହେଉଥିବା ଏକ ନଦୀ। ଏହା ଶିପ୍ରାର ଏକ ଶାଖା ନଦୀ।
ଦେବଗିରି	-	ଏହା ଏକ ପର୍ବତ। କେତେକ ଏହାକୁ "ଦୌଲତାବାଦ୍" କହନ୍ତି। ବର୍ତ୍ତମାନ ଏହା "ଝାଂସୀ" ନଗରୀର ନୈରତ କୋଣରେ ତିନିକୋଶ ବ୍ୟବଧାନରେ ଥିବା ଏକ ପର୍ବତ ଅଟେ ବୋଲି କେତେକ କହନ୍ତି। ଏହାର ଶିଖର ଦେଶରେ କାର୍ତ୍ତିକେୟଙ୍କର ମନ୍ଦିର ଥିଲା ବୋଲି ପ୍ରସିଦ୍ଧ ରହିଛି।
ଚର୍ମଣ୍ୱତୀ ନଦୀ	-	ଏହା ବିନ୍ଧ୍ୟ ପର୍ବତର ବାୟବ୍ୟ କୋଣରୁ ବାହାରିଥିବା ଏକ ନଦୀ ଅଟେ। ଏହାର ଆଧୁନିକ ନାମ "ଚମ୍ବଲ୍"।
ରନ୍ତିଦେବ	-	ଦଶପୁର ରାଜା ରନ୍ତିଦେବ ଅତି ଧାର୍ମିକ ରାଜା ଥିଲେ। ସେ ଏକ ଗୋମେଧ ଯଜ୍ଞ କରିଥିଲେ। ତହିଁରୁ ଏତେ ରକ୍ତ ନିସୃତ ହୋଇଥିଲା ଯେ ତାହା ଗୋଟିଏ ନଦୀ ସୃଷ୍ଟି କରିଥିଲା। ଚର୍ମଣ୍ୱତୀ ବା ଚମ୍ବଲ ତାହାର ନାମ।
ଦଶପୁର	-	ଏହା ଚର୍ମଣ୍ୱତୀ ନଦୀର କିଛି ଉତ୍ତର ଭାଗରେ ଅବସ୍ଥିତ। ପୁରାଣରେ ବର୍ଣ୍ଣିତ ମହାରାଜା ରନ୍ତିଦେବଙ୍କ ନଗର ଅଟେ। ଏହାର ଆଧୁନିକ ନାମ "ମନ୍ଦସୋର" ବା "ଦଶୋର" ଅଟେ। କେହି କେହି ଏହାକୁ "ଧୌଳପୁର" ମଧ୍ୟ କହନ୍ତି।
ବ୍ରହ୍ମାବର୍ତ୍ତ	-	ଆର୍ଯ୍ୟାବର୍ତ୍ତ ମଧ୍ୟରେ ସରସ୍ୱତୀ ଓ ଦୃଷଦ୍‌ବତୀ ନାମକ ଦୁଇ ନଦୀର ମଧ୍ୟବର୍ତ୍ତୀ ପ୍ରଦେଶ।
କୁରୁକ୍ଷେତ୍ର	-	ଏହା ଇନ୍ଦ୍ରପ୍ରସ୍ଥ (ଦିଲ୍ଲୀ) ନିକଟରେ ଥିବା ଏକ ପ୍ରବିତ୍ର ଓ ପ୍ରସିଦ୍ଧ ସ୍ଥାନ ଅଟେ। ଏଠାରେ ମହାଭାରତର ଯୁଦ୍ଧ ଅନୁଷ୍ଠିତ ହୋଇଥିଲା।
ସରସ୍ୱତୀ ନଦୀ	-	ଏହା ହିମାଳୟରୁ ବାହାରିଥିବା ଏକ ନଦୀ ଯାହା ପ୍ରାଚୀନ କାଳରେ କୁରୁକ୍ଷେତ୍ର ନିକଟ ଦେଇ ପ୍ରବାହିତ ହେଉଥିଲା। ବର୍ତ୍ତମାନ ଏହା ବିଲୁପ୍ତା।
କନଖଳ	-	ଏହା "ହରଦ୍ୱାର" ନିକଟବର୍ତ୍ତୀ ଏକ ପବିତ୍ର ସ୍ଥାନ ଅଟେ।
କୀଚକ	-	ସଙ୍ଗୀତ ପରି ଶବ୍ଦ କରୁଥିବା ବାଉଁଶ।
ହଂସଦ୍ୱାର	-	ଏହାର ଅପର ନାମ "କ୍ରୌଞ୍ଚାରନ୍ଧ୍ର" ପର୍ବତ। ଏହି ପର୍ବତ ପୁରାଣ ପ୍ରସିଦ୍ଧ। ପୁରାଣରେ ଉଲ୍ଲେଖ ଅଛି ଯେ ପରଶୁରାମ

		ଓ କାର୍ତ୍ତିକେୟଙ୍କର ଶକ୍ତି ନିର୍ଣ୍ଣୟ ନିମନ୍ତେ କ୍ରୌଞ୍ଚ ପର୍ବତ ଭେଦ କରିବାର ସ୍ଥିର ହୋଇଥିଲା। ପରଶୁରାମ ସେଥିରେ ଜୟଲାଭ କରିଥିଲେ।
ତ୍ରିପୁର ବିଜୟ	-	ମହାଦେବ ତ୍ରିପୁର ଅସୁରକୁ ହତ୍ୟା କରିଥିଲେ। ସେହି କଥା ଏଠାରେ ଉଦ୍ଦିଷ୍ଟ।
ହିମାଳୟ	-	ପରିଚୟ ଦେବା ଅନାବଶ୍ୟକ। ପୃଥିବୀର ଉଚ୍ଚତମ ପର୍ବତମାଳା।
ଅଳକା	-	ମେଘର ଗନ୍ତବ୍ୟ ନଗର। ଉତ୍ତର ମେଘରେ ବିସ୍ତାରିତ ବର୍ଣ୍ଣନା ରହିଛି।

BLACK EAGLE BOOKS

www.blackeaglebooks.org
info@blackeaglebooks.org

Black Eagle Books, an independent publisher, was founded as a nonprofit organization in April, 2019. It is our mission to connect and engage the Indian diaspora and the world at large with the best of works of world literature published on a collaborative platform, with special emphasis on foregrounding Contemporary Classics and New Writing.

www.ingramcontent.com/pod-product-compliance
Lightning Source LLC
Chambersburg PA
CBHW020534080526
44583CB00013B/857